Beck'sche Schwarze Reihe
Band 116

D1995924

9/1480
12.80

René König

Die Familie der Gegenwart

Ein interkultureller Vergleich

VERLAG C. H. BECK MÜNCHEN

Mit 9 Textabbildungen

ISBN 3 406 05051 4

Dritte, erweiterte Auflage. 1978

Einbandentwurf von Rudolf Huber-Wilkoff, München
© C.H. Beck'sche Verlagsbuchhandlung (Oscar Beck) München 1974
Druck: Georg Appl, Wemding
Printed in Germany

Inhalt

I. Familie und Ehe als universelle Institutionen der menschlichen Gesellschaft

§ 1. Alter der Familie. – Die Familie ist wohl genau so alt wie die menschliche Kultur. Ja, man könnte mit einem gewissen Recht auch die Meinung vertreten, Familie und Ehe seien älter als die menschliche Kultur. Denn es scheint durchaus so zu sein, daß der Mensch Familie und Ehe bereits als Erbteil mancher höherer Tierarten übernommen hat.[1]

§ 2. Eine Gruppe innerhalb der Horde. – Es gibt nichtsoziale und soziale Tiere, selbst unter den Insekten (Ameisen, Bienen). Unter den sozialen (besonders Säugetiere, aber auch Vögel) wiederum solche, die sich zu (Ehe-)Paaren und Familien zusammenschließen, ohne daß darüber hinaus eine „Gesellschaft" entstünde (z. B. Orang Utang). Andere wiederum bilden Ehen und Familien innerhalb einer Horde (z. B. Paviane). Nur die letztere Form kann mit der menschlichen Familie verglichen werden.[2]

§ 3. Übereinstimmung der Grundformen. – Rein formal zeigt sich eine Übereinstimmung in den Elementarformen der Familie: a) Die Elternfamilie, wenn beide Elternteile die Aufzucht der Jungen gemeinsam übernehmen (z.B. beim Gibbon), b) die Vaterfamilie, wenn der Vater (z.B. viele Fische), c) die Mutterfamilie, wenn die Mutter allein (z.B. der Bär) die Aufzucht übernimmt, d) die Kinderfamilie, wenn die Nachkommenschaft sich nach mehr oder weniger langer Vorbereitung durch einen oder beide Elternteile allein durchbringt (z.B. viele Vögel). Ein völlig selbständiges Sichaufbringen der Nachkommenschaft ohne temporäres Mitwirken mindestens eines Elternteils oder eines (erwachsenen) Stellvertreters ist beim Menschen allerdings unmöglich. Ein anderes ähnliches Schema für die verschiedenen tierischen Familienformen gibt der Zoologe Hans M. Peters:

1. Die *ephemere Familie* der Wirbeltiere, bestehend aus den Eltern oder mindestens *einem* Elterntier, mit der Nachkommenschaft.

a) *Elternfamilie,* beide Eltern und Nachkommenschaft

b) *Mutterfamilie,* nur die Mutter mit der Nachkommenschaft

c) *Vaterfamilie,* nur der Vater mit der Nachkommenschaft.

2. Die *persistierende Familie* der Insekten, bestehend aus den Eltern oder einem Elterntier mit der Nachkommenschaft.

a) *Elterngroßfamilie*

b) *Muttergroßfamilie.*[3]

§ 4. Fortsetzung. – Eine gleiche formale Übereinstimmung zwischen Tier und Mensch zeigt sich bei den verschiedenen Eheformen in Bezug auf Monogamie und Polygamie (siehe unten § 47). Hierbei scheint auch die Häufigkeitsverteilung ähnlich zu sein. Besonders interessant ist aber in diesem Fall, daß in vielen monogamen Tier-Ehen das „sexuelle" Moment in den Hintergrund tritt. „In extremen Fällen beschränkt sich die sexuelle Vereinigung in der ganzen Fortpflanzungsperiode auf wenige Akte. Sie kann anscheinend gelegentlich überhaupt ausfallen, denn gewisse monogame Vogelpaare unterlassen in manchen Jahren anscheinend die Fortpflanzung, ohne daß dies das Zusammenleben der Partner berührt. Hier liegt der Nachdruck der ehelichen Gemeinschaft offenbar auf der Befriedigung einer auf den Geschlechtspartner als Sozialkumpan gerichteten Anschlußtendenz".[4]

§ 5. Verhaltensparallelen. – Die Verhaltensforschung zeigt ferner eine gewisse Reihe hochdifferenzierter (angeborener) Ablaufsmechanismen bei vielen Tieren, die erstaunliche Ähnlichkeiten zu entsprechenden menschlichen Verhaltensmustern aufweisen. Dazu gehören z.B. das Erkennen von Artgenossen, das Erkennen des Geschlechtspartners, entsprechende Verhaltensweisen wie „Flirt" und Werbung durch Balz und hochdifferenzierte „Rituale", formelle Aufnahme einer Gemeinschaft mit gemeinsamer Verteidigung gegen Außenseiter, gegenseitige eheliche Treue mit oder ohne gelegentliche Seitensprünge, Vorsorge für Brutpflege durch einen resp. beide Partner, kollektive Aufzucht der Nachkommenschaft (z.B. Pinguine), Erkennen der eigenen Nachkommenschaft und entsprechende Handlungen bei Fütterung, bis hin zu Akten der „Absto-

ßung", wenn die Aufzucht abgeschlossen ist. Es gibt heute eine reiche Literatur zu diesen Fragen, wenn auch noch nicht gesagt werden kann, daß eine vergleichende Verhaltensforschung zwischen Tier und Mensch bereits vorhanden wäre. Das liegt vor allem in einer völlig unzureichenden Kenntnis angeborener Ablaufsmechanismen beim Menschen.

Andererseits wird eine vergleichende Betrachtungsweise zunehmend nahegelegt durch die Ausdrucksweise der Tierforscher, die etwa von „moralanalogen Verhaltenssystemen bei sozialen Tieren" sprechen, „als ob" ihr Verhalten durch soziale Normen geregelt sei. Konrad Lorenz bringt das auf folgenden Ausdruck: „Diese Systeme intraspezifischen Verhaltens, die nahezu gänzlich aus angeborenen Aktions- und Reaktionsnormen aufgebaut sind, zeigen bei höheren Wirbeltieren häufig ungemein weitgehende funktionelle Analogien zu sozialen Verhaltensweisen des Menschen und verleiten den naiven Beobachter daher häufig zu stark anthropomorphisierenden Werturteilen. Dem vergleichenden Verhaltensforscher liegt es sicherlich besonders fern, analoge und auf völlig verschiedenen psychophysiologischen Ebenen sich abspielende Vorgänge einfach für ‚dasselbe' zu halten. Er sieht sicher klarer als jeder andere den fundamentalen Unterschied zwischen diesen funktionellen Analoga moralischen Verhaltens bei sozialen Tieren und der einzigartigen, stammesgeschichtlich nie dagewesenen Leistung vernunftmäßiger Verantwortlichkeit des Menschen. Dennoch kommt die vergleichende Verhaltensforschung aufgrund einer sicher genügend breiten Basis von Beobachtungstatsachen unweigerlich zu dem Schluß, daß an der Struktur des menschlichen sozialen Verhaltens eine ganze Reihe von Funktionen wesentlich beteiligt sind, die allgemein für Leistung vernunftmäßig-verantwortlicher Moral gehalten werden, in Wirklichkeit aber ganz sicher in eine Reihe mit den angeborenen, echter Moral nur funktionell analogen Verhaltensweisen höherer Tiere zu stellen sind."[5] Vorläufig ist aber diese Konsequenz noch nicht befriedigend durchzuführen, da die Humanethologie und die vergleichende Verhaltensforschung noch nicht hinreichend entwickelt sind. So ist es momentan leichter, die Verschiedenheiten zwischen Menschen- und Tierfamilien aufzuweisen als die Analogien.

§ 6. Verwandtschaft und Inzestverbot. – Während die Tierfamilie zweifellos wie die menschliche durch Emotionen der Gemeinschaft ausgezeichnet ist, reichen diese – soweit wir sehen können – nicht über den engsten Kreis der Prokreationsfamilie hinaus, während der Mensch neben den unmittelbarsten Abstammungsverhältnissen noch *verschiedene Stufen der Verwandtschaft* unterscheidet und dafür spezifische *Terminologien* ausbildet. Diese sind auch für die Ehe relevant, indem meist Aussagen darüber mit diesen Terminologien verbunden sind, wer mit wem die Ehe eingehen kann und zwischen welchen Verwandtschaftsgraden Heiratsverbote bestehen (vergl. unten §§ 25, 29). Auch scheint das Problem des *Inzestverbots* für die Spezies Mensch spezifisch zu sein, obwohl manche Verhaltensforscher darüber reichlich spekulative Äußerungen gemacht haben. Selbst wenn es wahr ist, daß sexuelle Inzucht bei den Tieren von keinerlei Restriktionen bis zur Meidung von intrafamilialer Vereinigung mit Ausnahme des Sexualverkehrs der Eltern reicht, können wir annehmen, daß „only humans have any limitations on mate choice beyond the nuclear family".[6] Dieser Schritt jenseits der physiologischen Abstammung ist der Beginn der menschlichen Kultur. Es ist bezeichnend, daß sich die Feststellung verschiedener Verwandtschaftsgrade unter anderem in sprachlichen Symbolen äußert, so daß man diesen Übergang in eine andere Dimension zugleich mit der Entstehung der Sprache charakterisieren kann.

§ 7. Soziabilisierung und Sozialisation. – Außerdem beschränkt sich die Menschenfamilie nicht auf Zeugung und Aufzucht als Einführung in die arteigene, angeborene Biosphäre, sondern konzentriert sich insbesondere auf den Aufbau der sozial-kulturellen Person, wofür jeweils der ganze Bereich kultureller Normen beansprucht wird, welcher das soziale Erbe einer Gesellschaft darstellt. Man spricht hier von *Sozialisation,* unterschieden nach *Frühsozialisation* oder *Soziabilisierung*[7] (vergl. unten § 58, 59) und *Sozialisation* des heranwachsenden Menschen (vergl. unten § 59).

§ 8. Nochmals das Alter der Familie. – Daraus folgen einige Einsichten, die insbesondere für die moderne Anthropologie von Bedeutung geworden sind und welche mit den älteren entwick-

lungsgeschichtlichen Konstruktionen definitiv Schluß gemacht haben. Die erste besagt, daß die Familie und die Ehe nicht irgendeines fernen Tages unter den Menschen „eingerichtet“ wurden, etwa durch den Willen eines weisen Gesetzgebers, weil sie eben in der Spezies Mensch vorgebildet waren, und zwar als separate Gruppierungen innerhalb der Horde. Sie waren also schon immer da, so daß es müßig wird, nach ihrem „Ursprung“ zu fragen. Allerdings existierten Familie und Ehe in Formen, die teilweise von den unseren speziell in Bezug auf Verwandtschaft stark abwichen. Die einheitliche Wurzel schließt also eine Varietät der Formen nicht aus, wenn auch zugestanden werden muß, daß die Variationsbreite beider Institutionen gerade aufgrund ihrer animalischen Präformierung und ihrer funktionalen Rolle bei der Arterhaltung nicht sehr groß ist.

§ 9. *Fortsetzung.* – Da also Ehe und Familie nicht durch einen Gesetzgeber eingeführt (oder erfunden) wurden, konnte dieser einzig die in Gewohnheit, Brauch und Sitte fast unbewußt befolgten Regeln durch sprachliche Formulierung und systematische Zusammenfassung zu Rechtsregeln erheben.

§ 10. *Ein Beispiel.* – So allein sind auch jene uralten Vorstellungen zu verstehen, die etwa die Chinesen mit ihren mythischen Herrschern verbinden, diese hätten eines Tages gewisse Institutionen „erfunden“ und willentlich geschaffen, wie z. B. Fu-hi die Ehe oder Yao die fünf Haupttugenden, das heißt die Bindung zwischen den Ehegatten, zwischen Eltern und Kindern, zwischen älteren und jüngeren Geschwistern, zwischen Regierenden und Regierten und zwischen Freunden.[8] In Wirklichkeit sind also Ehe und Familie niemals „eingerichtet“ worden, sie waren vielmehr schon immer da. Wohl aber bedurfte es besonderer Maßnahmen des Gesetzgebers, um sie aus der mehr oder weniger unbewußt befolgten Sitte ins Bewußtsein zu heben und ihnen damit zugleich eine deutlichere kulturelle Profilierung zu geben, die in den modernen Rechtssystemen ihren vorläufig letzten Ausdruck gefunden hat. Das setzt bei der Verschiedenheit der Ehe- und Familienformen voraus, daß eine solche Betrachtung notwendigerweise vergleichend sein muß. Außerdem entscheidet es auch darüber, daß zukünftige Wandlungen jederzeit möglich sind, wobei es die Frage ist, ob sie eine neue Differenzierung oder umgekehrt eine einheitlichere Strukturierung zur Folge haben werden. Diese Frage kann mit unseren heutigen Mitteln nicht beantwortet werden.

§ 11. *Widerstandsfähigkeit der Familie.* – Wenn die Familie ein Urgut der gesellschaftlichen Menschheit ist, das dieser unter Umständen sogar als Erbe aus dem höheren Tierreich zukommt, so folgt daraus ferner eine außerordentliche *Widerstandsfähigkeit* der Familie in den Wirren der Geschichte. Diese allgemeine Einsicht genügt, um bereits hier ein begründetes Mißtrauen aussprechen zu können gegen alle jene Lehren, die von Zeit zu Zeit einen baldigen Untergang von Ehe und Familie voraussagen oder diese Epoche der Auflösung bereits in unserer Zeit ansetzen zu können glauben. Gewiß sind die Erschütterungen, die Ehe und Familie mit der weltweiten Auswirkung der modernen Wirtschaft durchmachen müssen, ganz außerordentlich. Dennoch aber erweist die Familie diesen Erscheinungen gegenüber noch immer eine ebenso außerordentliche Widerstandsfähigkeit.

§ 12. *Beispiele.* – Wenn komplexe Gesellschaften aufgrund irgendwelcher Katastrophen zerfallen, dann bleibt nicht etwa ein Haufen von Individuen übrig, sondern eine Vielheit von Familien. Selbst wenn die weiteren Verwandtschaftsordnungen vergehen, erhalten sich die Nuklearfamilien. So erfolgten die Wanderungen der Juden nach dem Brand des Tempels (70 n. Chr.) familienweise; der Zerfall des ägyptischen Reiches nach der arabischen Eroberung hat die Existenz der Familie nicht berührt. Auch Zigeuner wandern in Familien. Noch heute wandern die nordafrikanischen Bevölkerungen familienweise in die Slums der Großstädte; manche Beobachter meinen sogar, daß sie in Clans in den Bidonvilles[9] sich niederlassen wie die einströmenden Massen aus dem Landesinneren in den lateinamerikanischen Budenstädten in Familien.[10]

Neben Kriegen, Eroberungen und Wanderungen stehen die Katastrophen, die durch *Revolutionen* bedingt sind. In Rußland regenerierte sich nach dem Krieg, Revolution von 1917 und folgendem Kriegskommunismus die Familie und übte sogar einen Druck auf den Gesetzgeber aus, die rechtliche Sicherung der Familie anzuerkennen.[11] Selbst wenn sich zweifellos in der Sozialisierung des heranwachsenden Menschen zahlreiche Umwelteinwirkungen bemerkbar machen, wie übrigens in allen anderen Industriegesellschaften, wo die Familie durch die Massenkommunikationsmittel Konkurrenz bekommt, kann man sagen, daß mehr als ein halbes Jahrhundert nach der Revolution und trotz aller Umwandlungen die Familie in Rußland nicht verschwunden ist. Man kann im Gegenteil sagen, wie die (vorläufig letzte) Gesetzgebung von 1968, daß sich die Familie in der Sowjetunion völlig stabilisiert hat; das gleiche hat unter russischem Einfluß bei den Satelliten der Sowjetunion stattgefunden. Ferner gilt das ebenso für China, wo die Familie seit der Revolution von 1911 und den Reformen Sun Yat-sens durch schwere Kriege, Bürgerkriege, Hungerkatastrophen und zahllose Reformen ging bis zum „Großen Sprung" Mao Tse-tungs und trotzdem nicht vernichtet wurde. Max Rheinstein betonte, daß im Grunde hierbei vielfach nur Gesetzgebungsakte nachgeholt wurden, die in der westlichen Welt schon viel früher Rechtsform gefunden hatten.[12] W. Müller-Freienfels weist zusätzlich noch auf eigene asiatische und chinesische Momente hin, unterstreicht aber für die unmittelbare Gegenwart „ein Zurückpendeln auf traditionellere Familienvorstellungen hin".[13] In beiden Fällen muß man übrigens das experimentierende Recht der „Transformationsperiode", in der die Familie als Bewahrer vorrevolutionärer Formen zunächst ausgeschaltet wurde, unterscheiden von den nachfolgenden Gesetzgebungsakten, durch die die Familie als Sozialisationsfaktor für die nach-revolutionäre Gesellschaft in ihre Funktion wieder eingesetzt wird (vergl. unten § 49).

Nach dem zweiten Weltkrieg zeigten sich ähnliche Phänomene der spontanen Regeneration von Ehe und Familie vor allem in Polen, das vom Kriege vielleicht am schwersten von allen Ländern mitgenommen worden war.[14] Neben allen Zerstörungen materieller und moralischer Natur zeigte sich damals ein intensives Bedürfnis der Menschen, sich wieder in der Familie fester zusammenzuschließen, sei es auch nur, um in den gewaltigen Völkerwanderungen der Kriegs- und Nachkriegsperiode den Kontakt unter den oft weitverstreuten Familienmitgliedern wiederherzustellen.

Die Familie wirkte sich damals als eine eigentliche Not- und Hilfsgemeinschaft aus, wie eine Untersuchung an Berliner Familien in dem schweren Nachkriegswinter 1946/47 zeigte[15] (H. Thurnwald). In späteren Untersuchungen wurde dieser Zug bestätigt, der gelegentlich sogar eine ausgesprochene Abkapselung der Familie von der übrigen Gesellschaft zur Folge hatte[16] (G. Baumert, G. Wurzbacher, H. Schelsky). Ein Gegenstück zu dieser fast „anarchistischen" Familienautonomie zeichnete Edward C. Banfield in dem „amoralischen Familismus" Siziliens, der angesichts ständiger Unterdrückung von außen einzig noch an das Fortkommen der Familie zu Lasten aller Interessen für das Gemeinwohl denkt.[17]

In den israelischen Kibbuzim, die ursprünglich im Gefolge sozialistischer Ideen eine Art Kollektiverziehung der Kinder vorsahen, zeigte sich bald die Stärke der affektiven Bande zwischen Eltern und Kindern, so daß sich die zeitweise räumliche Trennung zwischen Eltern und Kindern nicht als eine soziale Trennung auswirkte[18] (Y. Talmon-Garber).

Die Wahrheit dieser Feststellung, daß sich die Familie auch unter extremsten Bedingungen wieder herzustellen sucht, wird schließlich auch durch den Umstand bewiesen, daß selbst hochmobile Wanderarbeiter entweder ihre Familien mit sich nehmen oder eine neue im Zielland zu gründen suchen. Beispiele muß man nicht lange suchen, nachdem viele europäische Länder nach dem zweiten Weltkrieg z. T. beträchtliche Mengen von ausländischen Arbeitnehmern importierten; der Wunsch, die Familien nachzuziehen oder neue zu gründen, erwies sich als so stark, daß er alle sozial- und arbeitspolitischen Maßnahmen überspielte. Auch hier wirkte sich die Familie als unabhängige Variable aus.

Überhaupt muß zum Abschluß bemerkt werden, daß die Einrichtung gewisser kollektiver Institutionen wie Kinderkrippen, Kindergärten, Tagesheime, Volksküchen, Kommunen, Internate aller Art für Heranwachsende u. ä. unter bestimmten Bedingungen wie z. B. der weiblichen Erwerbstätigkeit, die etwa in der Sowjetunion 92% beträgt, eine echte Hilfe für die Familie werden kann. Selbst in China durfte zur Zeit der radikalsten Volksküchenbewegung das Essen für Kranke, Alte, Kleinkinder und Schwangere mit nach Hause genommen werden; entfernter wohnende Familien durften ihr Essen ebenfalls mitnehmen, Haushaltungen hatten Öfen, Brennholz usw., um im Winter ihre Speisen von eigenem Geflügel und

Schweinen zu kochen und Fische wie Fleisch einzumachen und Pickles herzustellen.[19]

§ 13. *Änderungen der Familienform.* – Daneben muß allerdings zugestanden werden, daß zwar Ehe und Familie immer erhalten bleiben oder sich spontan regenerieren werden, daß aber dennoch gewisse *Änderungen in der Familienform* wohl unvermeidlich sein werden. Diese betreffen insbesondere die Stellung der Frau in der Wirtschaft, die veränderte Ausbildung der Frau und die Autoritätsstruktur der Familie.

§ 14. *Stellung der Frau.* – Zwar hat die Frau schon immer Wesentliches beigetragen zum *wirtschaftlichen Unterhalt der Familie,* was an und für sich die These von Simone de Beauvoir widerlegt, die Frau sei letztlich allein der Gattungsfunktion hingegeben und damit das wesentliche Element der „immanenten" Beharrung im Gegensatz zur Selbsttranszendenz des Mannes.[20] Die Frau ist auch imstande gewesen, Erfindungen zu machen (Hack- und Gartenbau, viele Handwerke wie Töpferei, Weberei, Flechten) und damit die Familiengruppe nicht nur durch „Funktionen", sondern auch durch „Aktivitäten" zu ernähren.[21] Nicht das hat sich jedoch heute geändert, sondern der Ort der Arbeit: die wirtschaftliche Tätigkeit der Frau findet nicht mehr ausschließlich im Hause, als Haushaltung oder Heimarbeit, sondern außerhalb des Hauses in Fabrik und Büro statt. Selbst wenn es auch früher in minderem Maße außerhäusliche Erwerbstätigkeit der Frau gegeben haben sollte, so ist doch nicht zu übersehen, daß diese heute derart zugenommen hat, daß damit ganz besondere Probleme aufgerollt werden müssen. Diese haben ihre Parallele in der Tatsache, daß ja auch die Männer heute normalerweise den größten Teil des Tages (manchmal bei Schichtarbeit auch nachts) von zu Hause abwesend sind[22], da sich Berufsraum und Wohnraum bis auf wenige Ausnahmen definitiv voneinander gelöst haben. Da allerdings die Anwesenheit der Frau und Mutter, insbesondere in der Kleinkindererziehung, von viel größerer Bedeutung ist als die des Mannes, die erst von einem gewissen Alter an (Pubertät) von Wichtigkeit wird, muß die außerhäusliche Erwerbstätigkeit der Frau in der Tat auf die Dauer zu einem Problem werden. Daß dies Problem nicht unüberwindbar ist, sondern sowohl durch sozialisierte Institutionen (vergl. oben § 12) wie Tagesheime, Kinderkrippen und Kindergärten als auch durch Kooperation und gegenseitige Hilfe im Verwandtenkreise (vergl. unten § 77), durch Nachbarn und in Verbänden zur gegenseitigen Hilfe vom Typ der Kommunen gelöst werden kann, wird heute immer klarer sichtbar. Auch erfolgt die Erwerbstätigkeit der Frau, insbesondere bei jüngeren Ehepaaren, nicht willkürlich, sondern unter wirtschaftlichem Druck und im Dienste der Familie, so daß in dieser Hinsicht zweifellos eine Anpassung der Familie an neue wirtschaftliche Möglichkeiten wird erfolgen können, ohne daß man daraus auf eine Gefährdung der Familie schließen müßte. Verwandlung und Anpassung an eine neue Umwelt bedeuten unter keinen Umständen Auflösung und Zerstörung, selbst wenn der Übergang noch so schwierig sein sollte. Im übrigen sind die Maßstäbe für die wirtschaftliche Erwerbstätigkeit der Frau je nach dem Gesellschaftstyp sehr variabel; sie reichen, wie eine neueste international vergleichende Untersuchung über 17 Länder gezeigt hat, von 30% in Peru bis zu 92% in der Sowjetunion.[23]

§ 15. Ausbildungsstand der Frau. – Von größerer Wichtigkeit ist ein anderer Umstand, der durchschnittlich relativ übersehen zu werden pflegt, nämlich der gegen früher *unvergleichlich viel höhere Bildungs- und Ausbildungsstand der Frauen* aus allen Schichten der Gesellschaft, speziell in Ländern mit entwickeltem Schulwesen. Das gibt den Frauen, und zwar in diesen Ländern *allen* Frauen, von vornherein eine ganz andere Ausgangsbasis auf dem Arbeitsmarkt.[24] Desgleichen eröffnet es mit den neuen Kenntnissen eine größere tatsächliche Selbständigkeit, als sie noch die alten Suffragetten für möglich gehalten hätten. Das ist im Grunde wichtiger als die in vielen Verfassungen vorgesehene „Gleichberechtigung" der Geschlechter, die aber nur formell gilt, während materiell eine Fülle von Benachteiligungen der Frauen aufzuweisen sind, sogar in sogenannten „entwickelten" Ländern.[25] In den meisten wirtschaftlich unterentwickelten Ländern bleibt die postulierte Gleichberechtigung auf dem Papier, wie auch die Frauenbewegungen dort zumeist *avortiert* sind.[26] Als interessante Ausnahme kann hier vielleicht auf Indien hingewiesen werden; man kann wohl sagen, daß trotz Gandhi die indische Reformbewegung insbesondere durch ge-

bildete indische Frauen der Mittelklassen getragen worden ist.[27] Aber ihr allgemeiner Status in der Gesellschaft ist trotzdem noch immer zweideutig.

§ 16. *Autoritätsverhältnisse.* – Am stärksten betroffen von den Wandlungen der modernen Familie wurden zweifellos die *Autoritätsverhältnisse in der Familie.* Schon 1855 hatten gleichzeitig in Frankreich und Deutschland Frédéric Le Play und Wilhelm Heinrich Riehl festgestellt, daß die Autorität im Mittelstand von damals zu schwinden begann.[28] Sie fanden viele Nachfolger. 1936 rollten Max Horkheimer und seine Mitarbeiter die Frage nach „Autorität und Familie" von neuem auf, nachdem Sigmund Freud die psychischen Mechanismen des Vaterkomplexes herausgearbeitet hatte.[29] Die These Horkheimers war, daß eine autoritäre Familienerziehung, die ihm in Deutschland vorzuherrschen schien, eine allgemeine Anfälligkeit der Menschen für Autoritarismus erzeugen sollte. Wenn nun auch zweifellos die älteren Familientypen der Mittelklassen eine stärker autoritäre Haltung zeigen, so scheint mit der zunehmenden Auflösung der Reste der vorindustriellen Gesellschaft diese Familienstruktur in den meisten Ländern verschwunden zu sein. Außerdem hat sich der behauptete Zusammenhang zwischen autoritärer Familienstruktur und autoritärem Staatswesen als nicht vorhanden erwiesen, indem sich sehr wohl relativ autoritäre Familienformen mit demokratischen Staatsformen vereinen lassen, z.B. in der Schweiz.[30] Für Deutschland speziell gilt, daß in der Nachkriegsentwicklung die autoritären Strukturen in der Familie verschwunden sind, wie die Nachkriegsuntersuchungen erwiesen haben. R. König konnte aufweisen, daß sich die Reste des alten Autoritarismus vor allem bei der Wohlstandsschicht gehalten haben;[31] bei der Arbeiterklasse war schon lange die bedeutende Rolle der Mutter erkannt worden, so daß man geradezu den Ausdruck von „mutterzentrierter" Familie geprägt hat. Die Mutter-orientierte Familienstruktur erscheint auch bei speziell unterprivilegierten Klassen wie amerikanischen oder brasilianischen Negern, wo sich Mutter und Großmutter in die Leitung der Familiengeschäfte teilen.[32] Väterlichen Autoritarismus gibt es in Europa bei der Unterklasse vor allem bei ländlichen Einwanderern. In den Mittelschichten mit ihren partnerschaftlichen Vorstellungen der Ehe und mit dem erwähnten hohen Ausbildungsgrad der Frauen und Töchter zeigte sich ebenfalls die Auflösung einseitiger Unterwerfungsverhältnisse zu Gunsten einer Entwicklung zur Gleichberechtigung. Diese Tendenz kommt besonders deutlich in folgender Tabelle 1 zum Ausdruck, welche für 1959/60 die Verhältnisse in vier verschiedenen Ländern zwischen der jetzigen und der Elterngeneration vergleicht (nach E. Lupri).[33]

Inner-familiale Vorherr-schaft	Italien Generation		Bundesrepublik Generation		England Generation		USA Generation	
	Eltern	Jetzt	Eltern	Jetzt	Eltern	Jetzt	Eltern	Jetzt
Vater/ Ehemann	38	38	30	17	23	12	22	18
Mutter/ Ehefrau	17	10	13	18	18	7	14	7
Gemeinsam	35	46	39	63	45	76	46	81
Anderes	10	6	18	12	14	5	18	4
	100	100	100	100	100	100	100	100

Tabelle 1: Innerfamiliale Vorherrschaft in der Elterngeneration und der gegenwärtigen Generation nach Ländern 1959/60 (in %)

Im übrigen erscheint noch der Umstand erwähnenswert, daß auch in der Elterngeneration die Neigung zur gemeinsamen Entscheidung in Familienangelegenheiten schon recht beachtlich war.

§ 17. *Ausblick.* – Aus dem Gesagten läßt sich der Schluß ziehen, daß die Familie selbst unter beträchtlich veränderten Autoritätsverhältnissen Überlebenschancen hat. So kann man auch unter selbstverständlicher Anerkennung der Belastungen, die jeder soziale Wandel, insbesondere im modernen Wirtschaftssystem, mit sich bringt, den zukünftigen Möglichkeiten mit einem gemäßigten Optimismus entgegensehen. Dieser müßte sich sowohl von einer leichtfertigen Vertrauensseligkeit als auch von einer ausgesprochenen Katastrophenstimmung fernhalten. Das rechtfertigt schließlich auch eine Familienpolitik bzw. eine spezielle Ausrichtung der allgemeinen Sozialpolitik und auch des Rechtes auf die besonderen

Interessen und den Schutz der Familie. Seit der Staat allgemein durch sein Monopol als Gesetzgeber durch das Ehe- und Familienrecht eine Art Kontrollfunktion über die Familie ausübt, obliegt ihm auch der Familienschutz, der dementsprechend in vielen modernen Verfassungswerken ausdrücklich anerkannt wird[34] (z.B. recht früh Schweiz. Bundesverfassung Art. 34, quinquies von 1944).

II. Die Bestimmung der Familie durch die Gesellschaft

§ 18. Gesellschaft und Familie. – Wenn auch die Familie eine universale Einrichtung ist, so muß doch gesagt werden, daß erst die besonderen Eigenarten der verschiedenen menschlichen Gesellschaften, ihre Wirtschaftssysteme und Kulturen darüber entscheiden, welche Form die Familie im einzelnen Falle annimmt. Denn einzig die allgemein anerkannten und mehr oder weniger ausdrücklich geregelten Vorstellungen der Gesellschaft über Heiratsordnungen und Eheverbote, legitime Abstammung und Unehelichkeit, Verwandtschaft, Übertragung von Namen, Eigentum, Beruf, Rang und Würden, Vormundschaft, Unterhaltspflicht, über die Verteilung der Autorität innerhalb und außerhalb der Familie, über die Verteilung der wirtschaftlichen Arbeit auf Mann und Frau, über Rechte und Pflichten der Eltern und weiterer Verwandtschaftskreise, über Rechte und Pflichten der Kinder – alle diese und noch eine Reihe anderer Vorstellungen entscheiden über die jeweilige Organisation der Familie.[35] Und diese Vorstellungen wandeln sich mit der allgemeinen sozialen Struktur der Gesellschaft, mit ihrer wirtschaftlichen Verfassung, mit ihrer Macht- und Herrschaftsordnung, mit der allgemeinen, vor allem auch religiösen Kultur, die darüber entscheidet, an welchem Ort der Gesellschaft die Familie eingeordnet wird.

§ 19. Unilaterale Verwandtschaftssysteme: Matrilineal und patrilineal. – Ein höchst entscheidender Unterschied in den Verwandtschaftssystemen wird durch die Differenz zwischen matrilinealen und patrilinealen Gesellschaften gesetzt. Diese 1861 von J. J. Bachofen zuerst unter dem Namen „Mutterrecht“ (oder Mutterherrschaft) entwickelte Theorie zeigt deutlich, wie sich die Verwandtschaftsgruppe je nachdem total verschieden entwickeln kann.[36]

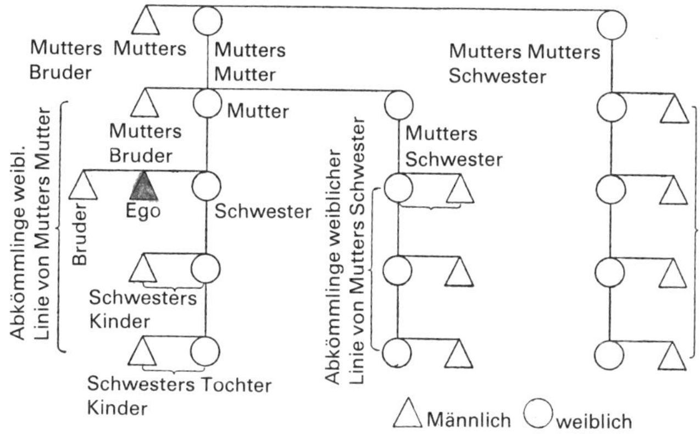

Abb. 1. *Matrilineale Abstammung.* Dieses Schema zeigt fünf Generationen von Verwandten eines Mannes Ego durch matrilineale Abstammung. Während die männlichen Abkömmlinge der Mutterlinien unter die Verwandtschaft gerechnet werden, gehört keines der Kinder dieser Männer zur matrilinealen Verwandtschaft. Vaters Verwandte tauchen überhaupt nicht auf.

Quelle: Gillin und Gillin 223.

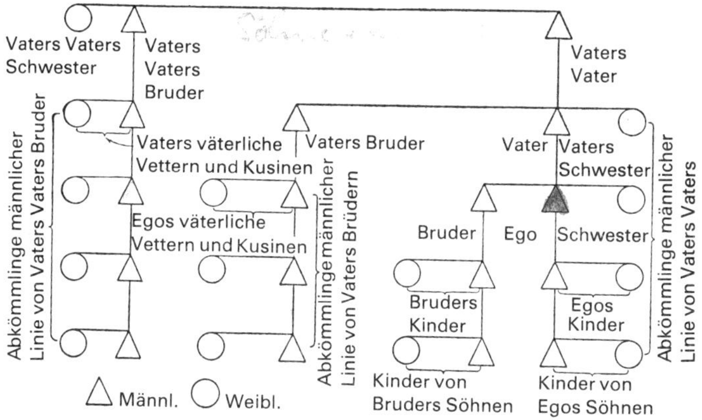

Abb. 2. *Patrilineale Abstammung.* Dieses Schema zeigt fünf Generationen von Verwandten eines Mannes Ego durch patrilineare Abstammung. Während die weiblichen Abkömmlinge der Patrilinien unter die Verwandtschaft gerechnet werden, gehört keines der Kinder dieser Frauen zu Egos patrilinealen Verwandten. Mutters Verwandte tauchen überhaupt nicht auf.

Quelle: Gillin und Gillin 224.

Die hierher gehörenden Tatsachen waren übrigens schon länger bekannt gewesen, wie das Beispiel des französischen Jesuiten J. Fr. Lafitau beweist, der schon 1724 die matrilinealen Verwandtschaftssysteme amerikanischer Indianer beschrieben hatte[38], schließlich hatte auch Bachofen seine Theorie auf eine Bemerkung Herodots gestützt, der von den Lykern berichtet hatte, daß sie ihren Namen von der Mutter erbten.[39] Mit Bachofen wird aber zuerst das bloße Faktum zu einer Theorie der Entwicklung ausgebaut. Die früher hitzig diskutierte Frage nach der vermeintlichen Ursprünglichkeit des Mutterrechts ist heute völlig in den Hintergrund getreten.[40] Offensichtlich gibt es je nach den wirtschaftlichen Entwicklungen Mutterfolge manchmal *vor* und manchmal *nach* Vaterfolge, so z.B. wenn Jäger-Gartenbauerinnen-Gesellschaften entstehen, bei denen die Frauen plötzlich eine größere Bedeutung erhalten. Das gleiche gilt in Gesellschaften mit Handwerkerinnen. Diese Ursprungstheorie von Ehe und Familie erfuhr übrigens ein Nachleben politischer Natur, indem man – fußend auf der Rezeption Bachofens durch Friedrich Engels[41] – seit der russischen Revolution von 1917 und der türkischen Revolution von 1923 die neuen „Frauenrechte" mit der Ursprünglichkeit des „Mutterrechts" zu begründen suchte.[42] Das hatte eine ganze Reihe von theoretischen Folgen, die z.T. noch bis heute nachleben, so daß sie wenigstens kurz aufgerollt werden müssen.[43]

Zunächst hielt man öfters auch da nach einer ursprünglichen Mutterfolge Ausschau, wo keine vorhanden gewesen war (z.B. bei den Semiten[44], später bei den Turkvölkern[45]). Ferner vergaß man, daß Mutterfolge keineswegs etwas mit Mutterherrschaft zu tun hat; auch in matrilinealen Gesellschaften sind Männer Autoritätspersonen, nur sind es andere Männer als in patrilinealen Gesellschaften, statt des Vaters der Mutterbruder, also der mütterliche Onkel. Man spricht hier, wenn es um die Frage der Autorität geht, von „*Avunkulat*". Häufig zeigen allerdings Gesellschaften mit Mutterfolge eine sehr freie Stellung der Frauen (in der Antike in der kretisch-minoischen Kultur, bei vielen Randvölkern des Schwarzen Meers, bei den Etruskern, später bei den Kelten und Basken, bei manchen Südseekulturen, wie den Trobriand Insulanern, bei vielen amerikanischen Indianern und schließlich auch bei vielen Afrikanern südlich der Sahara). Davon unterschieden ist patrilineale Verwandtschaft.

Diese erscheint grundsätzlich in zwei Formen, einer „milden“ Form der *Vaterfamilie,* wie sie sich bei vielen primitiven Jägern findet, oder in einer machtmäßigen Zuspitzung als *Patriarchalismus,* insbesondere bei den Großviehhirten. Bei dieser Zuspitzung tritt auch der *Ahnenkult* stark hervor (wie im alten China und Japan, bei den Hindu, den alten Hebräern, Germanen, Griechen, Römern, Arabern, Slaven u.a.[46]), bei denen durchwegs die Frauen mehr oder weniger rechtlich zurückgestellt werden, selbst wenn etwa die römische „Matrona“ in der Öffentlichkeit eine hoch geachtete Stellung innehatte. Aber die Regel will doch, daß die Frau bei Heirat völlig in die Familie ihres Mannes übergeht, so daß die Beziehungen zu ihrer eigenen Familie abreißen; dies dokumentiert sich u.a. darin, daß die Frau beim Tode ihrer nächsten Angehörigen keine Trauer trägt, sondern nur für die Angehörigen ihres Mannes und seiner Familie. Sie ist der Familie ihres Mannes so total unterworfen, daß sie bei dessen Tode unter die Vormundschaft ihres

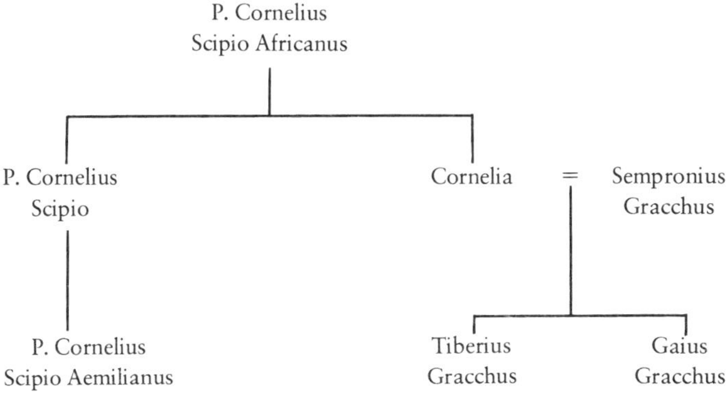

Abb. 3. Für uns wären P. Cornelius Scipio Aemilianus einerseits sowie Tiberius und Gaius Gracchus andererseits denkbar nahe Verwandte, sind sie doch blutsverwandt über den Vater resp. die Mutter, die Bruder und Schwester sind. In unserer Sprache wären sie echte Vettern ersten Grades. Für das römische Recht der Gentilen sind sie aber nicht verwandt; denn Tiberius und Gaius Gracchus finden in ihrer Agnatenreihe über die Väter immer nur einen Sempronius, die anderen nur Scipionen. Das erklärt, daß zwei Brüder mit demselben Vater verwandt sind, zwei Brüder mit derselben Mutter und verschiedenen Vätern dagegen nicht.

eigenen Sohnes kommt (sie ist dann sororis loco). Deutlich kommen diese Verhältnisse in vorstehendem Stammbaum zum Ausdruck.

§ 20. Kompromisse. – Beide Verwandtschaftssysteme stellen im strengen Sinne sozio-kulturelle Komplexe oder Syndrome dar, in denen viele Elemente zusammenlaufen. Das hat auch gelegentlich einen Eindruck größerer Einheitlichkeit zur Folge gehabt, als durch die Praxis gerechtfertigt werden konnte. Mit anderen Worten: sozio-kulturelle Systeme dieser Art sind sehr stark ideologieanfällig, d.h. sie haben eine Tendenz, sich zu einem „Ideal" auszugestalten, von dem dann allgemein angenommen wird, daß es der Wirklichkeit entspricht. So unterscheidet die moderne Soziologie deutlicher als früher zwischen den in einer Gesellschaft zu einem bestimmten Moment herrschenden Regeln und dem tatsächlichen Verhalten[47]. So kann etwa patriarchalische Verfügungsmacht der Idee nach absolut sein, in Wirklichkeit stehen ihr jedoch beträchtliche Hindernisse im Weg. Der Angehörige der islamischen Religionsgemeinschaft kann seine Frau verstoßen, wenn er dies drei Mal vor Zeugen ausspricht. In Wirklichkeit muß er aber mit dem Widerstand der Frauensippe rechnen. Der römische pater familias hatte das ius vitae necisque über seinen Sohn; er war aber in seiner Verfügungsfreiheit dadurch eingeschränkt, daß er sich dadurch im Extremfalle um den Wahrer des Familienkultes brachte. Es ist interessant zu sehen, wie in vielen Fällen aus der Wirklichkeit selber sich Widerstände gegen die Unilateralität der Verwandtschaft geltend machen.

In matrilinealen Systemen wird die Einseitigkeit durchbrochen durch Beziehungen des Vaters zu seinen Söhnen, so daß er zusehen wird, mindestens einen Teil seines Erbes, das bei Matrilinealität an die Kinder seiner Schwester gehen würde, für seine eigenen Söhne zu reservieren. Natürlich wirkten dabei z.B. in Afrika europäische Einflüsse mit hinein, sie wären aber sicher nicht so bereitwillig (und früh) aufgegriffen worden, wenn es nicht in der Wirklichkeit gewichtige Einflüsse zu Gunsten der Väter gäbe. Diese konzentrieren sich insbesondere auf jene Eigentumsstücke, die der Vater aufgrund seiner eigenen Anstrengung *erworben* oder selber *geschaffen* hat. Während er Dinge (wie z.B. Land), die er wie in Ghana von seiner Mutter ererbt hat, eher bereit ist, an die Kinder seiner Schwester gehen zu lassen, wird er selbsterworbene bewegliche Güter seinen eigenen Kindern vorbehalten. Im übrigen hat das zur Folge, daß die matrilinealen Systeme überall in der Welt am Verschwinden sind.[48] Selbst bei den in der Literatur so viel diskutierten Nayar von der Malabarenküste, wo sich Matrilinealität mit Polyandrie vereinte, ist seit Anfang des 20. Jahrhunderts das System verschwunden, damit auch die Polyandrie und die Autorität des Mutterbruders, der zwar heute noch das Familienvermögen verwalten mag; aber es ist nicht mehr de jure so, sondern nur noch de facto[49]. Andererseits ist aber die Autorität des Vaters nicht so unumschränkt, wie die des Mutterbruders von früher. Die Frage nach der Ursache ist aber nicht ganz einfach zu beantworten, da grundsätzlich mehrere Möglichkeiten bestehen. Man könnte sagen, daß Matrilinealität so sehr unseren „westlichen" Vorstellungen widerspricht, daß allein darum die Chancen des Verschwindens groß sind. Aber es kann hier auch die *Antipathie gegen die Unilateralität* der Verwandtschaftsbeziehungen wirksam werden; letztere kann unter Umständen sogar als ein sozial disruptiver Faktor angesehen werden.[50] Diese Deutung wird dadurch nahegelegt, daß auch im System des Patriarchalismus starke Kräfte gegen die Unilateralität wirken und auch hier Zwischenlösungen zu Gunsten der Frauen schaffen. So wird schließlich der „Agnatismus" durch den „Cognatismus" abgelöst.

Es wurde schon erwähnt, daß die absolute Verfügungsmacht des pater familias, die aus ihm eine Art kulturelle Idealgestalt macht, in Wirklichkeit beeinträchtigt wird durch starke Gegenkräfte. Diese kommen sowohl vonseiten der Frauen als auch vonseiten der Kinder. Es muß auch erwähnt werden, daß der Patriarchalismus nicht in allen als patriarchalisch bezeichneten Systemen gleich stark ist. Der römische und arabische Patriarchalismus sind zweifellos Extremformen. Schon in Griechenland ist der Patriarchalismus viel milder und die Frauenseite tritt stärker hervor. Man hat das durch Überleben eines älteren Mutterrechts erklären wollen, und das ist zweifellos in manchen Fällen so gewesen (etwa bei den Kelten); das aber beruft im Grunde nur wieder die alte These vom Primat des Mutterrechts, von dem nicht mehr die Rede sein kann. Älteres Mutterrecht *kann* also in einem einzelnen Falle die größere Bedeutung der Frauen in einer an sich patriarchalischen Gesellschaft erklären, aber es *muß* nicht immer so sein. Wichtiger erscheint, daß es starke Agenten zugunsten bilateraler Verwandtschaftssysteme gibt, wie z.B. die Tatsache, daß Heranwachsende eines bestimmten Alters unter die Autorität eines Kriegshäuptlings treten, der diese Jugendlichen gleich weit von Mutter- und Vaterlinie entfernt und eine „neutralere" Bewertung einleitet.

§ 21. *Bilateralität.* – Im Gegensatz zu diesen unilateralen Verwandtschaftssystemen ist das unsere und das vieler anderer Kulturen der Gegenwart und der Vergangenheit bilateral, was das bekannte Bild vom Stammbaum ergibt, der sich symmetrisch nach Vaters- und Mutterseiten entwickelt.

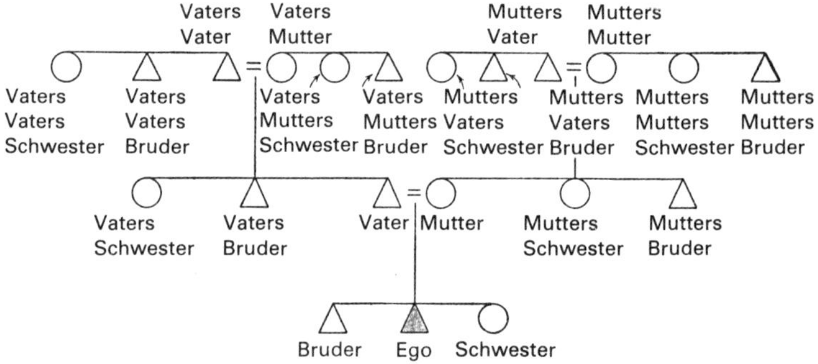

Abb. 4. *Bilaterale Abstammung.* Einige Verwandte von Ego, berechnet nach bilateraler Abstammung. Die Verwandten von Vater und Mutter werden als Verwandte angesehen.

Quelle: Gillin und Gillin 223.

Allerdings gibt es in dieser Hinsicht immer noch eine gewisse Einseitigkeit in diesem System, indem es weitgehend *patrinominal*[51] ist: In vielen Ländern des Westens und der sozialistischen Kulturen wird dies System insofern durchbrochen, als der Name des Mannes und der der Frau zusammengefügt werden. Besonders interessant sind in dieser Hinsicht die Verhältnisse in den iberischen Kulturen, die regelmäßig Vaters- und Muttersnamen zusammenfügen bei trotzdem erhaltenem ausgeprägtem Patriarchalismus. Trotzdem bleibt in der weitverbreiteten Patrinominalität ein Restbestand unilateraler Verwandtschaftsbeziehungen. Dem steht gegenüber die ebenso weit verbreitete *Mutterzentrierung* der modernen bilateralen

Systeme. Es wird auch durch die Frauen die Beziehung zu den mütterlichen weiblichen und männlichen Verwandten (in dieser Reihenfolge) aufrecht erhalten. Das belegen viele Studien aus Europa und Amerika recht übereinstimmend.[52] So kann man also durchschnittlich *das Verwandtschaftssystem in den meisten Industrienationen als patrinominal und mutterzentriert bezeichnen.*

Im übrigen kann man sagen, daß Bilateralität der Abstammung und Verwandtschaft trotz der genannten Einschränkungen in der Welt seit jeher weit verbreitet gewesen sind und heute immer noch sind. Das verwirrt allerdings gelegentlich insofern die Bewertung, als damit das soziologische Modell der Verwandtschaft sich stark dem biologischen annähert, was oft die Familie als Anstalt zur Zeugung und Autzucht der Nachkommenschaft hat ansehen lassen. Damit wird aber das Wesentliche verfehlt; denn wir haben schon gesehen (vergl. oben § 6) daß der entscheidende Unterschied zwischen Tier- und Menschenfamilie darin liegt, daß letztere verschiedene Stufen der Verwandtschaft jenseits der reinen Prokreation kennt und dafür eigene Terminologien entwickelt. Selbst wenn Zeugung und Aufzucht in der Familie eine Rolle spielen, so sind nicht diese Tatbestände, sondern vielmehr die aus diesen und den Verwandtschaftsverhältnissen resultierenden gegenseitigen Rechte und Pflichten entscheidend, die je nachdem verschieden deutlich ausgeprägt sind (vergl. unten § 58).

§ 22. *Gemischte Systeme.* – Neben diesen Hauptformen der Abstammung gibt es noch gemischte Verwandtschaftssysteme. Diese treten vor allem in folgenden Formen auf:

a) Männer zählen ihre Verwandtschaft über die Männer und Frauen über die Frauen[53], oder

b) Männer zählen kreuzweise ihre Verwandtschaft über die Frauen und Frauen über die Männer[54]; schließlich gibt es noch

c) „Dualsysteme", in denen die unilateralen Systeme derart verbunden sind, daß einer mit seiner mütterlichen Großmutter und seinem väterlichen Großvater (unter Ausschaltung der jeweils anderen Großeltern) verwandt ist.[55]

§ 23. *Lineale und kollaterale Verwandtschaft.* – Bei Verwandtschaft muß ferner zwischen linealen und kollateralen Verwandten unterschieden werden. Lineale Verwandte sind meist Blutsverwandte in auf- oder absteigender Linie. Die Einschränkung in diesem Satz ist bedingt durch das Institut der *Adoption*, die einen Blutsfremden aufnimmt, „als ob" er ein Blutsverwandter sei. Da dieses Institut verbreiteter ist, als man gemeinhin glaubt, mußte die obige Einschränkung gemacht werden. Wegen der (echten oder nur postulierten) Blutsverwandtschaft befindet sich ein linealer Verwandter niemals in der gleichen Generation wie man selbst.

Kollaterale Verwandte gehören sowohl der gleichen als auch einer vorangehenden oder folgenden Generation an. Es besteht zwischen ihnen auch nicht das Verhältnis der Abstammung, man ist weder Abkömmling noch Ahne von Bruder oder Schwester, wenn sie auch immer mindestens einen Vorfahren gemeinsam haben. So werden Vettern und Kusinen ersten, zweiten oder ferneren Grades unterschieden.

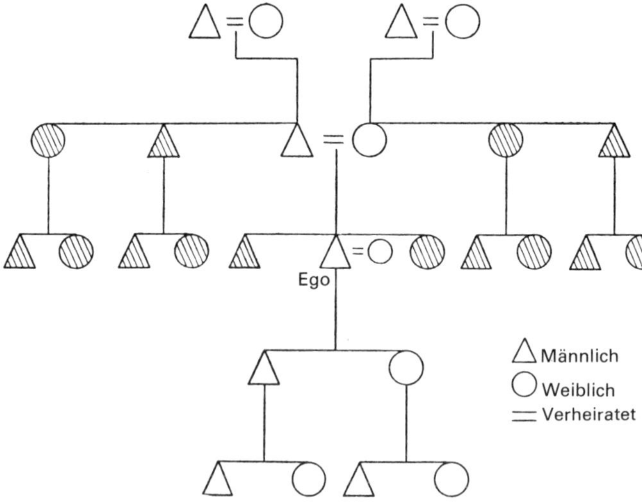

Abb. 5. *Lineale und kollaterale Verwandte.* Dieses Schema zeigt einige von Egos linealen Verwandten in weißen Symbolen (△) und einige kollaterale Verwandte in schraffierten Symbolen (◬).

Quelle: Gillin und Gillin 226.

Was man auch immer vom Geschichtsbewußtsein des Menschen denken mag, sein wirkliches Interesse in der Unterscheidung von Verwandten geht nicht sehr viele Generationen zurück, obwohl es auch nicht so gering ist, wie manche Theoretiker der modernen Nuklearfamilie meinen. So erwiesen kritische Untersuchungen aus England, daß selbst bei Arbeiterfamilien oft die Verwandtschaftsverhältnisse bis zu einer Tiefe von 5 oder 6 Generationen klar definiert wurden; die effektiven (bewußten) Verwandtschaftsbeziehungen wiesen aber natürlich auch immer ein Defizit über die genealogisch möglichen Beziehungen auf. Trotzdem war es erstaunlich, zu wievielen Personen wirkliche Kontakte oder Erinnerungen bestanden[56]. Allerdings bleiben alle diese Zahlen gering gegenüber der ungeheuren Zahl von möglichen Vorfahren eines heute lebenden Menschen. Sofern keine Zwischenheiraten von Verwandten stattgefunden haben, kommt man bei zwanzig Generationen schon auf 1.038 976 Vorfahren; da allerdings faktisch viele Zwischenheiraten stattfinden, muß man mit einem regelmäßigen „Ahnenverlust" rechnen, der mehr oder weniger groß ist. Besonders groß ist er natürlich bei kleinen isolierten Gruppen, die geradezu lokale „Rassen" ausbilden können (das ist auch der gewöhnliche Fall, wo Inzucht und sogar Inzest zur Regel werden); geringer ist er bei Großgesellschaften. Aber auch hier gibt es gewisse zwar nicht gesetzliche, aber soziale Beschränkungen, die uns unter dem Titel der „Partnerwahl" noch beschäftigen werden und die sich selektiv auf den Kreis der „Wählbaren" auswirken (§ 62–67).

§ 24. *Affine Verwandte.* – Außer den linealen und kollateralen Verwandten gibt es noch die angeheirateten und verschwägerten (affinen) Verwandten, auch diese verschiedenen Grades. Allerdings ist dies ein besonderes Problem, insofern bisher unter Verwandtschaft immer nur Blutsverwandtschaft verstanden war, so daß eigentlich angeheiratete Personen *nicht* dazu gehören sollten. Da aber z. B. meine Schwäger (der Mann meiner Schwester resp. der Bruder meiner Frau) bestimmte Beziehungen zu mir resp. zu meinen Kindern haben (als Onkel), erweist es sich allgemein als nötig, Rechte und Pflichten affiner Verwandter genauer zu definieren. Je nach den verschiedenen Sprachen und Kulturen gibt es differenzierte oder weniger differenzierte Terminologien für diese Verwandtschaftsgrade, je nachdem ob nur der Ehepartner meiner Schwester oder Bruder meiner Frau, oder ob entsprechende Personen oder Partner von weiteren Verwandtschaftsgraden gemeint sind (im Deutschen z.B. beim Mann einer Kusine die sogenannte Schwippschwägerschaft). Damit sind auch die Linien angedeutet, an denen entlang sich eine Kernfamilie erweitern kann.

§ 25. *Bevorzugte Ehepartner.* – Das rollt natürlich sofort die Frage auf, wer wen heiratet; so gibt es in der Tat besonders bevorzugte Heiratspartner wie die Vettern-Kusinen-Ehe. Diese teilen sich in zwei grundsätzlich verschiedene Formen, nämlich a) die *parallelen* (englisch parallel or ortho-cousins) und b) die *Kreuzvettern* und Kusinen.

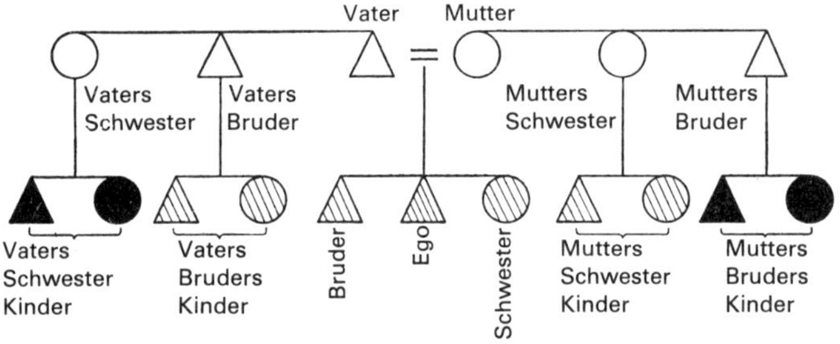

Abb. 6: *Parallele und Kreuz-Vettern-Kusinen.* Dieses Schema zeigt nur die Vettern und Kusinen ersten Grades von Ego. Ego, sein Bruder und seine Schwester sowie deren parallele Vettern und Kusinen werden durch schraffierte Symbole wiedergegeben, Kreuz-Vettern- und Kusinen dagegen durch schwarze.

Quelle: Gillin und Gillin 230.

Die Heiraten zwischen Kreuzvettern sind die häufigsten ihrer Verbreitung nach, während die Ehe zwischen den Kindern zweier Brüder oder zweier Schwestern meist verboten ist. Diese Verwandtschaftsgrade haben darum auch oft sprachlich eine Form, die das Inzesttabu zum Ausdruck bringt, indem sie Ausdrücke aus der engeren Familie aufgreifen (Vater, Mutter, Bruder, Schwester, Sohn, Tochter u.ä.). Einzig bei den Arabern spielt die parallele Vettern-Kusinen-Ehe die Hauptrolle, wo ein Mann grundsätzlich Anspruch hat auf die Tochter seines Vater-Onkels (auch heute noch[57]). Der allgemeine Grund für die Beliebtheit der Kreuzvettern-Heirat liegt zumeist darin, daß bei Clan-Ordnungen die Kinder von Brüdern und Schwestern *verschiedenen* Heiratsgruppen angehören, so daß keine Heiratsverbote zwischen ihnen bestehen, sie im Gegenteil als Angehörige *ein und der gleichen* Generation für die Ehe geradezu prädestiniert sind. Andere besonders beliebte Ehepartner sind bei Verwitwung die Heirat der Witwe mit dem jüngeren Bruder ihres verstorbenen Mannes[58] (*Levirat* von *hebr.* Levir) resp. die Heirat des Witwers mit der jüngeren Schwester seiner Frau (*Sororat*)[59]. Die Begründung, die für das Levirat gegeben wird, „damit sein Name in Israel nicht aussterbe", entspricht dem Denken in Abstammungslinien (Lineages). Dazu gehört, daß unter Umständen die Kinder, die der Levir mit der Frau seines verstorbenen Bruders zeugt, diesem zugerechnet werden.

§ 26. Lineages. – Darunter werden stets unilaterale (vergl. oben § 19) Abstammungslinien verstanden (matrilineal oder patrilineal), von denen die patrilinealen mit Ahnenkult enormen Einfluß in der Welt ausgeübt haben (obwohl es auch weiblichen Ahnenkult gibt). Die Termini Lineages und *Sippen* sind oft verschieden gebraucht worden. Es scheint am besten, mit G.P. Murdock den Ausdruck Lineage nur dann zu verwenden, wenn der genealogische Zusammenhang klar und eindeutig ist, und von Sippe zu sprechen, wenn die Mitglieder einer solchen Gruppe *nicht* am gleichen Ort wohnen[60]. Das heißt, daß hier noch zusätzlich der Gesichtspunkt der *Lokalität* hinzukommt (vergl. unten § 28). Wenn Gruppen exogam sind, zieht der Ehepartner meist an einen anderen Ort, so daß Mitglieder der gleichen Sippe lokal getrennt leben. Die Lokalgruppe gründet aber *nicht nur* in Abstammungsvorstellungen, wie sie auch jeweils von Menschen verschiedener Abstammung gebildet wird. Hier tritt neben das Verwandtschaftsprinzip bereits das *Raumprinzip* (Lokalität, Nachbarschaft). Dazu kommt, daß Sippen häufig andere Einheiten absorbieren oder „adoptieren". Das zwingt zur Behandlung zweier weiterer Begriffe, nämlich a) der „künstlichen" Verwandtschaft und b) der lokalen Orientierung in der Familie.

§ 27. *Künstliche Verwandtschaft.* – Mit dem Begriff der *Adoption* treten neben der natürlichen Abstammung „künstliche" Verwandtschaftsbeziehungen[61] auf. Dieser Terminus ist aber nicht sehr glücklich, weil das Wort „künstlich" die Vorstellung impliziert, daß eine solche Verwandtschaft lockerer sei als die „natürliche". Das ist aber keineswegs der Fall, zieht doch Adoption sehr häufig die gleichen Verpflichtungen nach sich wie die natürliche Verwandtschaft. In manchen entwickelten Rechtssystemen ist das Erbrecht eines adoptierten Kindes auf seinen Vater beschränkt und existiert nicht zwischen ihm und den Verwandten seines Vaters. Außerdem zeigt die künstliche Verwandtschaft besonders klar, was die Verwandtschaft eigentlich ausmacht, nämlich ein System gegenseitiger Rechte und Pflichten, die aus dem bloßen Faktum der physiologischen Abstammung niemals abgeleitet werden können. Darum sind vielfach Riten verbreitet, die – selbst bei Unanfechtbarkeit der physiologischen Abstammung – die physische Geburt trennen von einem Akt der „Anerkennung" eines Kindes als „legitimes" Kind, der einer Adoption oft sehr ähnlich ist (z.B. im alten griechischen, römischen und germanischen Recht, aber auch im alten Japan[62]). Damit erhält auch das Problem der Illegitimität (vergl. unten § 93) seine besondere Bewandtnis, indem in diesem Falle der Legitimierungsakt fehlt.

Wie stark die künstliche Verwandtschaft bindet, wird etwa bei der Institution der „Blutsbrüderschaft" sichtbar, die trotz des Namens gerade *keine* Blutsverwandtschaft ist, sondern die nur von der besonderen Rolle des Bluts bei der Abschlußzeremonie ihren Namen hat. Hier werden die Heiratsverbote für Nahverwandte auch auf Blutsbrüder und ihren Anhang angewendet; oft werden sogar die Zeugen solcher Verbrüderungen in die Heiratsverbote für Nahverwandte mit einbezogen (wie etwa früher auf dem Balkan). Die spanische (und spanisch-sizilianische) resp. lateinamerikanische Gevatternschaft (*span.* compadrazgo, *italien.* comparatico) zeigt gelegentlich ähnliche Züge. Das gleiche gilt für die katholische Einrichtung der „geistlichen Verwandtschaft".

§ 28. *Die Rolle der Lokalität.* – Die Familie kann sein a) *patrilokal,* b) *matrilokal* oder c) *neolokal.* Die beiden ersten Formen treten insbesondere bei den unilateralen Verwandtschaftssystemen auf (vergl. oben § 19), während Neolokalität vorwiegend bei bilateralen Systemen und damit auch bei der modernen Familie die Regel ist. Die Lokalität ist darum wichtig, weil sie weitgehend über wirtschaftliche Kooperation entscheidet und damit andere Rechtsverhältnisse als die der Familie begründet. Man darf wohl auch bemerken, daß humangenetisch gesehen die Betonung der Lokalität mit der Seßhaftwerdung der Menschheit seit der letzten Eiszeit zunehmend in den Vordergrund tritt.

§ 29. *Heiratsverbote.* – Wie Ehe und Familie Universalien sind, so scheinen bestimmte Heiratsverbote ebenfalls universal verbreitet zu sein, bekannt unter dem Namen *Inzesttabu.* Wenn es in allen Kulturen der Welt besonders bevorzugte Verbindungen gibt (vergl. oben § 25), so gibt es auch solche, die unbeliebt, ja verboten sind, so z.B. in allen westlichen Kulturen sexuelle Vereinigungen von Nächstverwandten in auf- und absteigender Linie (Vater–Tochter, Mutter–Sohn) oder von Geschwistern (Bruder–Schwester). In anderen Kulturen liegt das Phänomen um eine Spur anders: hier sind Sexualverbindungen zwischen solchen Personen verboten, die für nahverwandt *angesehen werden* (was nicht immer heißt, daß sie es auch in unserem Sinn sind). Das ist das sogenannte Inzestverbot, dessen Deutung nicht ganz einfach ist. Wenn man angesichts der besonders beliebten (parallelen und Kreuz-)Vettern-Kusinen-Ehe die radikale Abneigung gegen Verwandte als Heiratspartner in Zweifel ziehen kann, so kommt es wohl letztlich darauf an, was als wirklich nahverwandt angesehen wird, und das kann je nach Umständen von den biologischen Abstammungsverhältnissen abweichen. So können bei grundsätzlichem Inzestverbot oft Personen einander heiraten, die nach *unseren* Vorstellungen nächstverwandt sind, während zwischen anderen Personen striktes Heiratsverbot besteht, die nach unseren Vorstellungen nicht verwandt sind, oder jedenfalls nicht nahe. Jüngstens zeigte eine sehr sorgfältige französische Studie, wie häufig (etwas über 25% aller Eheschließungen) in einer kleinen Gemeinde unter dem Druck wirtschaftlicher Familienallianzen von der Kirche Dispens von „verbotenen" Verwandtschaftsehen erteilt wurde[62a].

Im übrigen wird das Inzestverbot gelegentlich bei höchstgestellten Familien durchbrochen, um die Linie „rein" zu halten, wie etwa früher in Hawaii oder bei den Inkas von Peru und im alten Ägypten[63]. Ägyptische Dokumente zeigen allerdings, daß diese Art Ehe zu einem überraschend hohen Prozentsatz auch bei den Obermittelklassen vorkam (ca. 25%). So scheint das Gesetz doch nicht so ausschließlich gegolten zu haben, wie es auch de facto in den westlichen Gesellschaften nicht überall befolgt wird, sonst wären ja die Verbote überflüssig. Psychoanalytisch kann man sagen, daß ein Begehren vorhanden sein muß, wenn es ein Verbot gibt (S. Freud); außerdem gibt es gewisse Kreise, wo etwa die Frauen früh altern wie oft bei bäuerlicher Bevölkerung, bei denen dann oft die Kohabitation zwischen Vätern und Töchtern toleriert wird, wenigstens bis zu einem gewissen Alter. Hat das Mädchen das Alter erreicht, in dem es sich üblicherweise verlobt, so hört dieser Verkehr auf. Normalerweise findet sich inzestuöser Verkehr in desorganisierten Familien, bei denen die Tochter dem Vater eventuell sogar durch die Mutter zugeführt wird.[64]

Im übrigen eröffnet gerade letzteres eine neue Deutungsmöglichkeit, indem sich zeigt, daß dies Inzestverbot darum besteht, um sozial disruptive Verhältnisse zu verhindern, welche vor allem die Familie als Kooperationseinheit in Vendetta-Gruppen und Blutfehden sprengen würden. Einzig wo diese nicht mehr besteht, kann dann die Mutter Sexualverhältnisse zwischen Vater und Tochter dulden. Schwieriger ist die Interpretation der Mutter-Sohn-Beziehungen, deren Existenz allerdings seit Entdeckung des Ödipus-Komplexes nicht von der Hand zu weisen ist. Über Bruder-Schwester-Verhältnisse wird dagegen in der ganzen Welt berichtet (Elektra-Komplex), so daß anzunehmen ist, daß eine verbreitete Neigung zum Durchbrechen der Regel gegeben sein muß. In der Novelle „Wälsungenblut" postuliert Thomas Mann geradezu eine besonders enge Beziehung zwischen Bruder und Schwester, womit er ein altes Thema der germanischen Mythologie aufgreift. So kann die Ursache für das Inzestverbot wohl nicht in einer „angeborenen" Abneigung gegen Sexualverhältnisse zwischen Nächstverwandten gesehen werden.

Das Verbot, in der eigenen (Verwandten-)Gruppe zu heiraten, die sogenannte „*Exogamie*", scheint vielmehr ursprünglich mit *strukturellen Austauschprozessen* zwischen verschiedenen Gruppen zusammenzuhängen, wie insbesondere die französischen Strukturalisten gezeigt haben (M. Mauss, C. Lévi-Strauss)[65]. Exogamie als Verbot der Endogamie würde dann zuerst jenseits der „Familienstränge", die primär biologisch bedingt sind und sich durch eine gewissermaßen ewige „Inzucht" unendlich verlängern könnten, ausgedehntere „gesellschaftliche" Zusammenhänge eröffnen. Das setzt einzig voraus, daß zwei Familiengruppen zusammentreten und untereinander Frauen tauschen; es kann sogar eine ursprünglich geschlossene Gruppe, bei Vergrößerung über ein bestimmtes Maß hinaus, sich halbieren und dann unter den beiden Hälften Frauen tauschen (moieties). Dann würde *innerhalb* jeder Hälfte das Inzestverbot absolut gelten, *zwischen* ihnen jedoch nicht. Inzestverbot innerhalb des Clans schließt also regelmäßige Zwischenheiraten innerhalb des Stammes nicht aus, wobei man voraussetzen darf, daß ein solcher Stamm vielleicht ursprünglich eine einzige Gruppe gewesen ist, die sich später (einmal oder öfters) geteilt hat. Ähnliche Verbindungen können dann natürlich auch zwischen verschiedenen Gruppen entstehen, die einander treffen, erst in *commercium* und später in *connubium* eintreten. So darf man vielleicht wirklich das Inzestverbot als ein Universal ansehen, muß sich aber grundsätzlich versagen, das im modernen Sinne zu verstehen, bei dem ausschließlich an sexuelle Verbindungen zwischen Vater und Tochter, Mutter und Sohn, sowie Bruder und Schwester (und manchmal sogar Vettern und Kusinen ersten Grades) gedacht wird. Vielmehr spielen in allem wohl elementare sozialstrukturelle Probleme eine Rolle, die den Übergang von Natur zu Kultur[66] (von isolierten Familiensträngen zur Gesellschaft) charakterisieren und darum je nach den verschiedenen Kulturen auch verschieden interpretiert werden. Die strukturelle Grundsituation ist dabei die Begegnung zweier Gruppen, die ganz unangesehen ihrer inneren Beziehungen zunächst von Mißtrauen und Feindschaft charakterisiert ist. Hier kommt es nach vorsichtigen Akten der Fühlungnahme, eventuell sogar nach allgemeinen Kämpfen oder symbolischen Zweikämpfen nicht nur zum rituellen Tausch von Gütern, Idolen, Heiligtümern, Waffen, Tänzen, Liedern, Mythen, sondern schließlich auch zum Frauentausch, womit dann das soziale (d.h. mehr als familiale) Commercium beginnt.

§ 30. Gesellschaft und Familie in der Entwicklung. Die Konsequenzen. Einleitung. – Wenn man sich alles vergegenwärtigt, wird man ohne weiteres begreifen, daß der Wandel der Familie mit der gesellschaftlichen Entwicklung nichts Willkürliches darstellt, sondern bestimmten Gesetzlichkeiten folgt. Weil die menschliche Gesellschaft nach ihrer sozialen, wirtschaftlichen, politischen, religiösen und kulturellen Struktur verschiedene Formen annehmen kann, haben wir auch mit einer Verschiedenheit der Familientypen zu rechnen. Auch dabei werden wir zu fragen haben, was wandelbar und was konstant ist. Dagegen interessieren uns hier diese verschiedenen Typen nicht in ihrer Gesamtheit; das wäre das Hauptproblem einer Entwicklungsgeschichte der Familie, die von den Urzeiten der Menschheit bis heute reicht; uns interessieren davon einzig die in der Neuzeit vorherrschenden Familientypen.

§ 31. Gleichzeitige Existenz verschiedener Familientypen in der Gegenwart. – Dazu muß allerdings sofort zweierlei bemerkt werden: a) Keine einzige Gesellschaft von gewisser Größe hat nur einen einzigen Familientyp[67]; b) die verschiedenen heute existierenden Gesellschaften haben ebenfalls verschiedene dominante Familientypen, die man grob nach dem Schema 1. kapitalistisch-industrielle, 2. sozialistisch-industrielle und 3. Gesellschaften der „Dritten Welt" klassifizieren kann; die Mannigfaltigkeit der Typen ist bei letzteren besonders groß[68]. Dabei sind die Gesellschaften vom Typ 1 und 2 einander relativ ähnlich, beide zusammen sind dagegen sehr verschieden vom Typ 3. Die Familien in den westlichen und sozialistischen Gesellschaften sind außerordentlich weit entfernt von denen der Hindu oder alten Japaner[69], von denen der arabischen Völker, der schwarz-afrikanischen und latein-amerikanischen Kulturen. Aber nicht einmal in ein und derselben Gesellschaft finden wir durchgehend einen einheitlichen Familientyp; die Differenzierung geht dabei sowohl nach sozialen Schichten wie nach Regionen. Insbesondere ist es ein Gegensatz, der für viele (nicht-sozialistische) industrielle Länder typisch ist, nämlich der von Stadt und Land. Wenn in der städtisch-großstädtischen Kultur der neuzeitliche Familientyp stark überwiegt, so haben dagegen in ländlichen Bereichen ältere Familienformen eine viel größere Bedeutung. Unter dem Einfluß der zunehmenden Industrialisierung der Landwirtschaft

und der Verbreitung der Massenmedien auch aufs Land ist diese Differenz im Abnehmen begriffen[70], während in den sozialistischen Kulturen durch Kollektivierung der Landwirtschaft alle älteren Typen mit einem Schlage beiseite geschoben wurden. Ferner müssen wir damit rechnen, daß auch in der Stadt verschiedene Familienformen in den verschiedenen sozialen Klassen und Berufskreisen lebendig sind, was sich z.B. statistisch in der jeweils verschiedenen Frequenz im Berufe des Haushaltungsvorstands miterwerbender oder mithelfender Familienangehöriger ausdrückt. Außerdem gibt es natürlich auch eine dauernde Einwanderung in die großen Städte, was ebenfalls ständig andere Familientypen einführt, die sich nicht immer sofort und vollständig an das städtische Leben anpassen (so wird etwa das generative Verhalten beibehalten, selbst wenn in der Stadt viele Kinder allein wegen des teuren Wohnraumes ein Problem sind).

Der Hauptunterschied zwischen Stadt und Land liegt wohl darin, daß die Familie in der Stadt immer weniger autonom wird. Kann die ländliche Familie, speziell der in der Landwirtschaft tätigen Personen, noch für einen großen Teil ihrer Bedürfnisse selbst aufkommen, was ihren inneren Halt durch gemeinsame wirtschaftliche Interessen verstärkt, so ist dagegen die städtische Familie insofern recht locker und vorwiegend auf persönliche Beziehungen gestellt, als sie für die Erfüllung der meisten Bedürfnisse von der Außenwelt abhängig ist, die sich dementsprechend auch immer mehr in die innere Ordnung der Familie einmengt.

§ 32. Die erweiterte Familie (extended family). – Grundsätzlich muß gesagt werden, daß schlechterdings keiner der modernen Familientypen in den kapitalistisch- wie in den sozialistisch-industriellen Gesellschaften die gleiche Autonomie aufweist wie es etwa in den Hochkulturen der Antike der Fall gewesen ist, über die uns Berichte außer durch die Bibel noch durch viele andere Texte überliefert sind. So heißt es etwa bei Homer, daß im Hause des Priamos fünfzig Brüder und zwölf Schwestern mit ihren Gatten und Kindern gemeinsam lebten; dazu kam noch eine große Menge von Gesinde, Knechten und Mägden und auch Sklaven. Der Ausdruck „Brüder“ und „Schwestern“ darf übrigens hier nicht in unserem Sinne, sondern in dem der klassifikatorischen Verwandtschaft verstanden

werden und umfaßt neben leiblichen Brüdern und Schwestern auch alle Arten von Vettern und Kusinen, die einander alle gleichmäßig als Bruder und Schwester anreden. Es liegt auf der Hand, daß eine solche Verwandtengruppe es in der Tat vermochte, sich beinahe vollständig selber zu genügen, und sie anerkannte auch keinerlei Einschränkung ihrer Souveränität. Sie war nicht nur eine Gesellschaft für sich, sondern geradezu ein eigener kleiner Staat, der durch den Ältesten beherrscht wurde. Diese Familienvorstände nannten sich selbst Könige (Basileus), wie auch die Erzväter und Patriarchen im „Buch der Könige" (*hebr.* Malek).

§ 33. Zwei Typen der erweiterten Familie. – Wenn man Familien dieser Ausdehnung betrachtet, so wird zumeist übersehen, daß es sich dabei um zwei grundverschiedene Typen handeln kann, die auch in der Geschichte eine sehr verschiedene Rolle gespielt haben, selbst wenn sie gelegentlich Mischformen entwickelt haben[71]. Unter erweiterter Familie verstehen wir a) die *Großfamilie (joint family)* und b) die *generationale Familie (generational family).*

a) *Die Großfamilie* entsteht, wenn beim Tode des Vaters die Brüder (im weiteren Sinne) mit ihren Frauen und Kindern nicht auseinandergehen, sondern zumeist auf gemeinsam besessenem Grund und Boden in ungeteilter Erbengemeinschaft beieinander bleiben und gemeinsam wirtschaften. Dieser Typ der erweiterten Familie hat eine enorme Verbreitung in der alten und neuen Welt; er scheint seit dem Bodenständigwerden der Menschheit geradezu der Prototyp der bäuerlichen Familie zu sein und hat als solcher insbesondere in der Dritten Welt bis heute überlebt. Aber dieser Familientyp hat sich auch an andere wirtschaftliche Aufgaben angepaßt, z.B. Transportwesen auf dem Lande und über See, Assoziationen befreundeter oder politisch alliierter Familien im Frühkapitalismus (z.B. die Bankhäuser Medici, Fugger u.a.), aber auch im Industriekapitalismus, wo, selbst wenn keine entsprechenden Rechtsformen mehr bestehen wie das preußische Fideikommiß und selbst wenn eine allgemeine politische Abneigung gegen solche Familienallianzen besteht, trotzdem durch informelle Abmachungen ein Vermögen an eine erweiterte Familie gebunden werden kann. Ein interessantes Beispiel ist die im Schweizerischen Zivilgesetzbuch von 1907 im Dienste der Agrarpolitik wieder aufgenommene germanisch-rechtliche „Gemeinderschaft" (im franz. Text sehr bezeichnend „raffrarage" oder „indivision" genannt)[72]. Während dieser Typ der erweiterten Familie in der Dritten Welt noch bis heute eine hochbedeutende Rolle spielt[73], ist er in Europa zurückgetreten. Seine Spuren finden sich in den Pyrenäen, in den Seealpen (Savoyen), in den Zentralalpen bis nach Osten und vor allem auf dem Balkan (Zadruga)[74]. Eine bereits erwähnte französische Untersuchung zeigte, wie noch bis ins 20. Jahrhundert hinein die „Allianzen zwischen Fratrien" die Heiratsstrategie in einem Dorfe bestimmten.

b) *Die generationale Familie* ist eine extreme Art der patriarchalischen Familie, bei der die Söhne mit ihren Frauen und Kindern (eventuell Enkelkindern) auch nach Verheiratung zu Lebzeiten des Vaters unter seiner Herrschaft bleiben. Sie umfaßt drei bis vier Generationen. Hier gibt es zu Lebzeiten des Vaters keine Emanzipation der Söhne, oder wenn schon, dann wie im römischen Recht verbunden mit einem leichten Statusverlust (capitis diminutio minima). Dieser Familientyp ist wesentlich aristokratischer Art und spielt in Europa nach dem Zusammenbruch des römischen Reichs insbesondere in der „Seigneurie" eine entscheidende Rolle.

§ 34. Fortsetzung. – Der *wesentliche Unterschied* zwischen beiden Formen der erweiterten Familie ist die Herrschaftsstruktur. Während der Typ der Großfamilie meist durch den ältesten Bruder präsidiert wird, der nur ein primus inter pares ist und meist mit 60 Jahren zurücktritt, ist der Patriarch in der generationalen Familie lebenslänglich unumschränkter Herr. Entsprechend sind auch die räumlichen Lebensformen: bei der aristokratischen generationalen Familie ein befestigter Platz oder ein Schloß, in dem eine große Menschengruppe von Familiaren, Knechten, Sklaven zusammenwohnt, im Schutze dieses Platzes oft noch Arbeiter, Handwerker, Händler und andere Abhängige; bei der bäuerlichen Großfamilie eher Siedelungsgemeinschaften von dörflichem Charakter, bei denen häufig der Familienname im Dorfnamen fortlebt (im Rheinland Dorfnamen mit der Endsilbe -magen, in der Schweiz mit der Endsilbe -ikon, in Bulgarien mit der Endsilbe –ić). Die in diesem Zusammenhang oft erwähnte „*Hausgemeinschaft*" ist aber eine Ausnahme

und findet sich meist bei zusammengeschrumpften Resten von Großfamilien. Auch müssen diese Familientypen nicht ständig zusammenleben, wie sich etwa bei der Hindufamilie zeigt. Hier leben die Söhne mit dem Vater nur, solange sie unverheiratet sind; nach der Heirat, vor allem nach der Geburt eines Kindes, trennen sie sich und bilden separate Haushalte in der Nähe oder in weiterer Entfernung, um erst beim Tode des Vaters wieder zusammenzuziehen, bis die Erbschaftsauseinandersetzungen abgeschlossen sind[75]. Wir finden uns hier angesichts einer eigentlichen Phasenstruktur, die oft von den Beobachtern übersehen wurde, weil das Idealbild der Hindufamilie die Wirklichkeit überspielte; auch hier muß man trennen zwischen Ideal und Wirklichkeit[76].

Der am konsequentesten durchstrukturierte Typ der Großfamilie stammt aber aus dem alten China und ist, auch im Zusammenhang mit der linguistisch erstaunlich differenzierten Verwandtschaftsterminologie, vielfach von chinesischen und westlichen Soziologen[77] beschrieben worden. Dabei wird aber auch hier das System häufig idealisiert, ja ideologisiert, indem man einzig seine stabilisierende Kraft hervorhob. Darüber wurde vergessen, daß die chinesische Großfamilie nicht nur imstande war, eine große wirtschaftliche Macht zu entfalten und eine erstaunliche Alterssicherung zu gewährleisten, sondern daß sie auch ein stagnierender Faktor ersten Ranges war, der individuelle Initiative behinderte. Daher waren seit Sun Yat-sen Bemühungen im Gange, die Individuen aus diesem starren Verband zu befreien, eine Bewegung, die unter Mao Tsetung einen Höhepunkt in der Zeit der Kommunenbewegung erreichte (seit den 50er Jahren)[78]. Allerdings hat sich seitdem wieder einiges geändert, d.h. es ist eine Art Rückkehr zur Großfamilie eingetreten, die William J. Goode veranlaßt, von einer Rolle der chinesischen Familie als „unabhängige“ Variable im Entwicklungsprozeß zu sprechen[79]. Man kann allerdings hier (wie bei der Sowjetunion) auch anders interpretieren, indem man sagt, daß es keinen Grund gibt, nach Abschluß der Transformationsperiode und nach Veränderung der Wertstrukturen, die überlebenden Reste der chinesischen Familie weiter zurückzudrängen, nachdem genügend Menschen als Individuen für die modernen Arbeitsaufgaben des Reiches freigesetzt worden sind. Eines wird jedoch sicher nicht zurückgenommen werden, das ist die Säkularisierung und Gouvernementalisierung der Familienregeln, wie Max Rheinstein und Wolfram Müller-Freienfels hervorgehoben haben[80].

§ 35. Über den Gegensatz von groß und klein. – In der vorwissenschaftlichen, aber auch in einem Teil der wissenschaftlichen Literatur wird die Situation häufig so dargestellt, als sei der Gegensatz zwischen älteren und neueren Familientypen der zwischen groß und klein. In der Tat sind ja auch die Gegensätze zwischen den umfangreichen Verwandtschaftsverbänden des alten China und der heutigen „Klein-Familie" in die Augen springend. Es ist aber die Frage, ob wir uns mit diesem äußerlichen Aspekt begnügen dürfen und ob wir damit nicht entscheidende Probleme verpassen. Es gibt in der Tat einige Gründe, die zur Vorsicht mahnen.

a) Man muß sich vor der Vorstellung hüten, als habe es früher „nur" erweiterte Familien gegeben; es läßt sich vielmehr mit Leichtigkeit zeigen, daß es früher neben den verschiedenen Typen erweiterter Familien auch Kleinfamilien mit geringem Anhang gegeben hat, und zwar sowohl beim ländlichen wie beim städtischen nichtsbesitzenden Proletariat[81]. Das gleiche gilt für die Dritte Welt. Gesellschaften mit nur einem einzigen Familientyp sind die Ausnahme (vergl. oben § 31).

b) Außerdem schließt die Existenz von erweiterten Familien vom Typ der Großfamilien eine Phasenabwechslung zwischen Familienvereinigung und zeitweiliger Dispersion in kleineren Kernfamilien nicht aus (vergl. oben § 34).

c) Ferner müssen erweiterte Familien nicht immer „groß" sein; sie können schrumpfen[82]. Das gilt auch für andere Verwandtschaftsgruppen wie z.B. Sippen, die etwa im germanischen Kulturbereich in historischer Zeit wegen der ständigen Stammeskriege meist äußerst reduziert waren. Bei wandernden erweiterten Familien sind es häufig nur zwei Brüder mit Frauen und Kindern, wie etwa im heutigen Nordafrika.

d) Erweiterte Familien können sich auch nach Perioden der Reduktion auf Kern-Familien wieder spontan neu bilden, wie etwa im Bereich des alten römischen Reichs nach dem Zusammenbruch der Zentralmacht in Rom[83]. Sie haben dann die Funktion von Schutz- und Kooperationsverbänden. Es wurde schon darauf hingewiesen, daß sie sich auch in kapitalistischen Industriegesellschaften ständig spontan neubilden, um ein Vermögen an eine Familie zu binden[84] (vergl. oben § 33a).

e) Man kann schließlich auch nicht davon ausgehen, daß die moderne Kern-Familie immer klein sein müsse. Zunächst ist auch bei ihr die Differenzierung und Identifizierung verschiedener Verwandtschaftsgrade erstaunlich groß (vergl. oben § 23). Außerdem, wenn man nur auf die Zahl der Kinder abstellt, kann je nach den Verhältnissen diese Kern-Familie gelegentlich kleiner oder größer sein. So hat sich etwa in den Vereinigten Staaten das „Normalbild" der modernen Familie von zwei Kindern in den 20er Jahren seit 1940 zunehmend auf ca. vier Kinder eingespielt. Das führte den amerikanischen Demographen Norman B. Ryder zur differenzierten Aussage, daß das fortschreitende Verschwinden der großen Familie nicht die neueste Erscheinung ist, „but the elimination of very small families – the childless and the one-child couples"[85]. Im Gegensatz dazu scheint sich die Bundesrepublik Deutschland auf die Zwei-Kinder-Familie festgelegt zu haben, was sich aber na-

Zahl der Kinder	Mütter geboren in		
	1890–94	1907–11	1926–30
0	21%	22%	11%
1	15%	19%	11%
2	18%	23%	21%
3	14%	15%	24%
4	10%	8%	16%
5+	22%	13%	17%
	100	100	100

Tabelle 2: Durchschnittliche Familiengröße in USA (3 Generationen)
Quelle: Norman B. Ryder 21.

1900	4,1	1940	1,8
1910	3,0	1945	1,9
1920	2,3	1950	1,9
1930	2,2	1955	2,0
1935	2,1	1960	2,1
		1970	1,9 (ergänzt)

Tabelle 3: Durchschnittliche Zahl von Lebendgeburten pro Ehepaar nach $19^1/_2$ Ehejahren in Westdeutschland
Quelle: F. Neidhardt 47.

Kinder	1949	1960	1970
0	26.8	30.8	33.7
1	31.7	34.7	35.4
2	21.8	21.6	22.4
3	10.2	7.7	5.7
4	4.8	2.9	1.7
5+	4.7	2.3	1.1
100.0	100.0	100.0	100.0

Tabelle 4. Durchschnittliche Familiengröße in der Ungarischen Demokratischen Republik (in %)

Quelle: Magyar Statisztikai Zsebkönyv 1972. Statisztikai Kiadóvállalat (Budapest 1972) 53.

türlich eines Tages nach oben oder nach unten ändern kann. Im Augenblick (1974) prävaliert der Trend nach unten. Das gleiche gilt für manche sozialistische Gesellschaften, sogar solche mit relativ niedrigem Industrialisierungsniveau wie z.B. Ungarn.

f) Aber selbst wenn es richtig ist, daß früher im Durchschnitt die Familien mehr Kinder hatten, obwohl sie viele durch hohe Kindersterblichkeit verloren, so liegt das Problem nicht in der Entgegensetzung von „groß“ und „klein“, sondern in strukturellen Differenzen. Selbst in kleinen Familien gibt es einen erstaunlich hohen Grad an Differenzierung der vorwaltenden Beziehungen (vergl. oben § 23).

§ 36. *Die Nuklearfamilie.* – Was die Familie in der Gegenwart charakterisiert, ist die Nuklearfamilie, bei der zusätzlich die Verwandtschaftsbeziehungen durch das enge Verhältnis des Gattenpaares bestimmt werden (vergl. unten § 40, 45). Nuklearfamilie bedeutet strukturell die Zentrierung der Familie auf die Gruppe Mann, Frau und unmündige Kinder, die in einer Primärgruppe (intimate face-to-face association and cooperation[88]) verbunden sind. Allerdings darf dies nicht in dem Sinne mißverstanden werden, als bedeute dies eine absolute „Isolierung“ von der weiteren verwandtschaftlichen Gruppe, wie dies in der Familiensoziologie seit den 20er Jahren bis zu Talcott Parsons behauptet worden ist[89]. Die moderne Forschung hat beträchtliche Korrekturen an diesem Modell angebracht (vergl. unten § 77). Während Perioden beschleunigten sozialen Wandels und erhöhter sozialer Mobilität ist das sicher der Fall gewesen; aber neuere Untersuchungen in vielen Ländern haben gezeigt, daß sich weitere Verwandtschaftsnetze sehr wohl spontan wiederherstellen können, die etwa bei festlichen Gelegenheiten (Feiertage, Geburts- und Namenstage, Geburten und Begräbnisse) hervortreten, sich aber auch im profanen Wirtschaftsbereich in gegenseitiger Hilfe äußern. Dabei treten hier jedoch ausgesprochene Selektions- und Entscheidungsprozesse hervor; Verwandte „hat" man nicht mehr einfach, sondern man „entscheidet" sich, mit wem man Verkehr haben will, so daß Verwandtschaftsbeziehungen mit Freundschafts- und Sympathieverhältnissen vergleichbar werden. Es steht damit wie mit der Familienplanung; Kinder fallen einem immer weniger zufällig zu, man will sie (oder nicht) und entscheidet, wann, wieviel und in welchem Abstand man sie will.

Wenn man die Dinge in dieser Weise sieht, werden die Gegensätze zwischen den erweiterten Familienformen und der Kernfamilie flüssiger. Wir wiesen schon (vergl. oben § 33) auf die Hindufamilie hin, wo die Jungverheirateten vom väterlichen Haushalt getrennt leben; erst beim Tode des Vaters ziehen die Söhne wieder zusammen. Man spricht daher von einer „funktionalen erweiterten Familie". Es kommt bei diesem Fall also darauf an, in welchem Moment ihrer Lebensgeschichte man einer Familie begegnet. Das heißt aber, daß auch in einer Großfamilie Nuklearfamilien erhalten bleiben, womit die Starrheit des Gegensatzes verschwindet. Das war übrigens schon manchen der älteren Anhänger der Entwicklungstheorie im 19. Jahrhundert klar, die – wie es damals hieß – innerhalb der Großfamilie „Sonderfamilien" unterschieden. Daneben gibt es auch Kernfamilien ohne weiteren Anhang, vor allem in den Unterklassen, auch andere Typen mit mehr oder weniger großem Anhang. Aber im allgemeinen finden wir in allen Gesellschaften Vorstellungen darüber, welche Personen jeweils zur Kernfamilie gehören, resp. in ihr deutlich differenzierbare Funktionen ausüben (vergl. unten § 48 Ende, § 77, § 96).

Bei aller Verschiedenheit der Familientypen scheint die Nuklearfamilie das zentrale Universal zu sein, also die Einheit von Mann, Frau und Kindern; sie mag mehr oder weniger im Vordergrund stehen, mehr oder weniger Personen umfassen (z.B. zwei, drei oder mehr Frauen und ebenso – wenn auch seltener – mehrere Männer). Aber sie ist doch immer auszumachen, wo von Familie die Rede ist[90]. Einzig bei matrilokalen Gesellschaften, bei denen der Mann nicht bei seiner Frau, sondern bei seinen eigenen mütterlichen Verwandten lebt, ist die Nuklearfamilie nicht so deutlich greifbar. Darum sind auch diese Formen viel diskutiert worden. Aber selbst da erscheint der Ehemann regelmäßig nächtlich bei seiner Frau und verläßt sie am Morgen; so spricht man von „Besuchsehe". Es wurde schon erwähnt (vergl. oben § 20), daß er durch Dienstleistungen oder Zuwendungen an die Mutterfamilie seiner Frau die Kinder für sich zu beanspruchen sucht.

§ 37. Askriptiver und erworbener Status. – Wichtiger als die bisher behandelten Entwicklungsmodelle (von erweiterter zu Nuklearfamilie, von groß zu klein u. ä.) scheint uns die auf Ralph Linton zurückgehende Scheidung von askriptivem und erworbenem Status[91]. Es gibt Gesellschaften, in denen die Position eines Menschen durch seine Familie zugeschrieben ist, und andere, in denen er sie selber erwerben muß. Natürlich gilt das nicht als wasserdichte Dichotomie, sondern immer nur im Sinne der Feststellung von Dominanzen. So finden wir auch in der alten Welt und der Dritten Welt von heute neben Personen, deren Stellung ganz und gar durch die Zugehörigkeit zu ihrer Familie bestimmt wird, (wenige) andere, die etwa als „Neuerer" aufgrund ihrer eigenen Leistung zu Ansehen kommen. Umgekehrt kann man sagen, daß es auch in den fortgeschrittensten Industriegesellschaften (selbst in den sozialistischen) noch immer einen familienbedingten Status gibt, der noch vor dem erworbenen und unabhängig von ihm wirkt.

Aber im Prinzip bleibt bestehen, daß in den modernen Industriegesellschaften unter dem Einfluß umfassender Entwicklungen sozialer, wirtschaftlicher, politischer, rechtlicher und kultureller Natur der Einzelmensch in nachhaltigster Weise emanzipiert worden ist. Erst mit dieser Herauslösung des Individuums aus den alten Familien- und Geschlechterverbänden konnte sich die moderne Gesellschaft aufbauen, in der dann auch der Staat als soziale Zentralorganisation hervortritt und für sich das „Monopol" der Jurisdiktion über die Ehe und Familie beansprucht. Dieser Staat hätte sich aber niemals ohne das emanzipierte Individuum aufbauen können, so daß schließlich drei Glieder in Auseinandersetzung miteinander stehen: die Geschlechterverbände, die Individuen und der Staat.

Dementsprechend muß man zugestehen, daß die Familie in unserer Zeit nur noch teilweise und bestenfalls indirekt über den Stand des Menschen in der Gesellschaft und im Staate entscheidet, indem sie seine Individualität bestimmt. Der Aufbau der sozial-kulturellen Person des Menschen wird heute vor allem in der Nuklearfamilie vollzogen. So kann man folgendermaßen zusammenfassen: die Form der Familie wird in unserer Zeit von der Struktur der Industriegesellschaft geprägt, die weitgehend auf der Leistung des Individuums aufgebaut ist. Die Familie aber stellt der Gesellschaft immerfort neues Menschenmaterial zur Verfügung; denn die Sozialisation des Menschen kann einzig in der Familie erfolgen (wegen einiger Ausnahmen vergl. unten § 48).

Wir wiederholen indessen, daß wir trotzdem – über die ganze Welt gesehen – auch in den modernen Kulturen verschiedene Familientypen finden. So zeigen insbesondere alle Länder der Dritten Welt in Asien, Ozeanien, Afrika und teilweise in Lateinamerika noch eine Dominanz der verschiedensten Arten der erweiterten Familie in allen ihren Formen. Nach wie vor gibt es Mutterfolge, sogar mitten in den hochindustrialisierten Vereinigten Staaten bei vielen Gruppen von Indianern. Daneben zeigen sich auch in den reinen Industrienationen verschiedene Familientypen gleichzeitig, wie sich auch erweiterte Formen der Familie spontan immer neu bilden.

III. Die Individualisierung der Ehe

§ 38. Variationen der Nuklearfamilie. – Selbst wenn wir von einer (fast vollständigen) Universalität der Nuklearfamilie sprechen, bedeutet das nicht, daß dies Modell zu allen Zeiten gleich geblieben sein müsse. Vielmehr scheint auch sie sich heute durch einen tiefgehenden Individualisierungsprozeß zu charakterisieren, der zugleich die Gattenbeziehung stärkstens in den Vordergrund schiebt. Darum spricht man auch von der heutigen Nuklearfamilie als *„Gattenfamilie" (conjugal family)*, da das Gattenpaar nicht nur die zentrale Zone dieser Gruppe, sondern auch – einmal abgesehen von der Ehescheidung – ihren einzig permanenten Teil darstellt (E. Durkheim)[92]. Beides geht Hand in Hand mit einer zunehmenden Individualisierung aller Beziehungen in der Gesellschaft.

§ 39. Gegensatz zwischen Familie und Ehe. – Mit der Individualisierung der modernen Kultur tritt ein weiteres Problem in Erscheinung, das in früheren Zeiten – mit Ausnahme vielleicht der spätrömischen Kultur – keine wesentliche Rolle spielte, nämlich eine gewisse Entgegensetzung von Ehe und Familie[93]. Die Ehe ist für uns im wesentlichen ein höchst individueller Bund zwischen zwei selbständigen Personen, Mann und Frau; die Familie ist dagegen eine soziale Gruppe, die unter allen Umständen mehr Personen umfaßt als das Ehepaar. Ein kinderloses Ehepaar darf darum eigentlich nicht als Familie bezeichnet werden, selbst wenn unter dem Titel „Folgen der Ehe" schon alle Regeln des Familienrechts im Moment der Eheschließung vollgültig gesetzt sind. Da aber Selektions- und Entscheidungsprozesse nicht nur den Umfang der akzeptierten Verwandtschaft beeinflussen, sondern insbesondere noch die Frage, ob Kinder gewünscht oder nicht gewünscht werden, muß auch eine Ehe unabhängig von der Familie eingegangen werden können. Dies ist bis heute vielfach übersehen worden, indem man vielmehr von der stillschweigenden Vorstellung ausging, daß die „Folgen" der Ehe selbstverständlich sind. Das galt früher zweifellos, wie die Insti-

tution des „Zeugungshelfers“ beweist, die in Aktion trat, wenn eine Ehe kinderlos blieb[94], man konnte sich eine kinderlose Ehe einfach nicht vorstellen. Ein Mann ohne Kinder war einfach kein vollgültiges Gemeindemitglied. In Wahrheit ist aber die Emanzipation der Ehe von der Familie eine notwendige Konsequenz a) der Individualisierung der Ehe und b) des Vordringlichwerdens individueller Selektions- und Entscheidungsprozesse.

§ 40. *Die Ehe unter der Vormundschaft der Familien- und Verwandtschaftsverbände.* – Wenn vorher (vergl. oben § 37) gesagt wurde, daß in den älteren Kulturen die soziale Stellung des Einzelnen vor allem durch seinen Stand in der Familie oder im Verwandtschaftsverband „zugeschrieben“ war, so heißt das zugleich, daß die Familie der Ehe resp. dem Bunde zweier Menschen übergeordnet war. Dies drückte sich nicht nur in Eheverboten und Vorstellungen über besonders beliebte Ehepartner (vergl. oben § 29, 25) aus, sondern zusätzlich darin, daß die Familie entschied, wer mit wem von den möglichen Wählbaren (eligibles) die Ehe eingehen sollte. Man nennt das arrangierte Ehen (Standesehen). Gewiss konnten gelegentlich die jungen Menschen den Eltern ihren Wunsch kundtun; aber im wesentlichen behielt sich doch der weitere Familienkreis die Zustimmung vor. Werbung war nicht so sehr eine Sache der beteiligten Personen als vielmehr verschiedener Autoritätspersonen (vom Vater, über Boten, Werber bis zum gewerbsmäßigen Werber der Juden in der Diaspora, dem „Schadchen“).

§ 41. *Familiendetermination oder Selbstbestimmung in der Partnerwahl.* – Heute haben wir dagegen mit der Tatsache zu rechnen, die dem Individualisierungsstreben der modernen Gesellschaft entspricht, daß die Ehe überwiegend auf dem freien Willen der Eheschließenden beruht. Dies ist nicht nur eine weitverbreitete Sitte, der mehr oder weniger nachgelebt wird, vielmehr tragen dem auch die modernen Gesetzgebungswerke Rechnung mit ihrem Begriff der „Konsensehe“[95]. Da außerdem die meisten modernen Rechte einen Abbau der väterlichen bzw. der elterlichen Gewalt schon vor Erreichung der gesetzlichen Volljährigkeit anerkennen, scheint die Ehe heute ausschließlich zur freien Verfügung der beiden Personen Mann und Frau zu stehen, die willens sind, die Ehe einzugehen.

Als wesentliche Voraussetzung für die Ehe, insbesondere in der öffentlichen Meinung, wird heute die Liebe der zukünftigen Partner angesehen[96].

Der radikalste Gegensatz dazu wäre etwa das ältere chinesische Eherecht, wo selbst bei Großjährigkeit der Eheschließenden die Einwilligung der Eltern zum Eheschluß erforderlich war[97]. Reste dieser Auffassung fanden sich bis vor kurzem noch im französischen Code Civil und im niederländischen Eherecht, obwohl beide Gesellschaften den hochindustrialisierten angehören.

Die moderne Individualkultur hat sich also ein ausgesprochen individualistisches Eheideal geschaffen. Das muß aber unvermeidlich in einen gewissen Gegensatz zur Familie rücken, da diese als Gruppe ihrer ganzen Funktion nach immer in verschiedenster Weise über rein individuelle Beziehungen hinausgeht. Und sei es nur, daß in einer Vollfamilie neben einer Gemeinschaft von Personen auch eine Reihe von Sachgütern mit eingeschlossen ist (Haushalt), die zum Lebensunterhalt dieser Gruppe unerläßlich, aber in einem individuellen Gattenbund nicht absolut notwendig sind. So kann ja im extremsten Falle ein Ehepaar in einer Pension oder in einem Hotel leben, so daß die meisten sachlichen Verrichtungen auf einen fremden Betrieb übertragen sind[98].

§ 42. *Konflikt zwischen Ideal und Realität.* – Diese Vorstellung der Ehe ist nicht nur ein Idealtyp im Sinne von Max Weber, sondern auch ein „Ideal" im normativen Sinne, gelegentlich geradezu eine Ideologie (vergl. oben Anm. 92). Dies macht sich darin bemerkbar, daß Eltern zwar ihren Kindern die Freiheit der Partnerwahl grundsätzlich konzedieren, aber im Endeffekt trotzdem eingreifen, wie auch nur zu oft unbeschäftigte Tanten als Ehestifter auftreten. Der Punkt, an dem sich das Modell definitiv von der Wirklichkeit entfernt, ist aber ein anderer. Selbst wenn die Partner meinen, sie hätten eine freie Wahl getroffen, so ist ihre Entscheidung nur scheinbar frei, da sie „hinter ihrem Rücken" in ein Determinationssystem eingeschlossen sind, das den Kreis der „Wählbaren" einschränkt, und zwar mindestens regional und nach sozialer Klasse (vergl. unten § 62, 63, 64, 65). Dazu kommt noch die Frage der Kompatibilität oder Inkompatibilität der Charaktere. Trotzdem ist das genannte Ideal heute weitverbreitet.

§ 43. Konsequenzen. – Das hat zur Folge gehabt, daß ein großer Teil der wandelbaren Vorstellungen über Liebe und Sexualität sowohl die Ehe als auch die Familie stärkstens beeinflußt haben. Demgegenüber muß darauf hingewiesen werden, daß die Ideen der Menschen über Liebe und Ehe viel wandelbarer sind als die Ordnung der Familie. Während sich die Auffassungen von Liebe und Ehe oft mit der Mode ändern, ist die Familie als universale Institution der Menschheit viel schwerer beweglich. So müßten wir also annehmen, daß sich Liebe, Ehe und Familie sehr weitgehend unabhängig voneinander bewegen. Gerade hier macht sich aber die Ideologisierung des modernen Ideals der Ehe bemerkbar, indem sie auch die Familienvorstellungen genau so schnell umzugestalten versucht, was wegen der geringen Variabilität der Familie zahlreiche Probleme schaffen muß.

In Wahrheit sollten aber beide Dimensionen getrennt werden. Denn es können innerhalb einer relativ gleichbleibenden Familienform durchaus verschiedene Auffassungen von der Ehe möglich sein, z. B. bezüglich der Auflösbarkeit oder Unauflösbarkeit der Ehe, der Erlaubnis oder Ablehnung vorehelicher sexueller Beziehungen, nebenehelicher Sexualbeziehungen oder nicht, usw. Wenn wir allgemein die Auffassungen von der Geschlechtsliebe hinzunehmen, so zeigt sich, daß diese noch viel stärker von den jeweils vorherrschenden Meinungen des Tages abhängig sind als die Ehe. Und wenn gar die Entwicklung der Vorstellungen von der Geschlechtsliebe in so stürmischer Weise vorangeht wie in den letzten fünfzig Jahren (hat man doch oft genug von einer „Revolution der Liebe“[99] gesprochen), dann muß sich eine einwandfreie theoretische Trennung zwischen Geschlechtsliebe, Ehe und Familie als unausweichbare Notwendigkeit aufdrängen, um der erwähnten Ideologisierung der Problematik zu entgehen.

§ 44. Definition der Ehe. – Der gleiche Umstand schafft auch beträchtliche Schwierigkeiten bei der Definition dessen, was genau eine Sexualverbindung zu einem „anerkannten“ Ehepaar und schließlich zu einer Familie macht. Die einzigen Kriterien, die, soweit ich sehe, hier herangezogen werden können sind a) die „Legitimität“ der Sexualbeziehung, die b) „mit einer Absicht auf Dauer eingegangen worden ist“[100]. Da das erste Glied der Definition,

nämlich nicht „ungesetzlich“ zu sein, nur negativ ist und allein durch Ausschließung wirkt, werden wir nach einer mehr positiven Motivation für diese Verbindung von Ehemann und Ehefrau suchen müssen, um eine Strukturdefinition der Ehe zu erhalten. Hier begegnen wir vor allem dem Faktor der „*Dauer*“ zusammen mit einer (formellen oder informellen) *Bezeugung* gegenüber der relevanten sozialen Umgebung (Verwandtengruppe, Clan, Sippe, Stamm, Nachbarschaft, Gemeinde oder größere Gesellschaft), daß die Partner einander als zusammengehörend betrachten. Das bedeutet zweifellos, daß eine „geheime Ehe“ aus unserer Definition ausgeschlossen wäre. Im Vergleich zu diesem doppelten Faktor der Dauer und der Bezeugung der Ehe ist das Vorhandensein eines ausdrücklichen Ehekontraktes und/oder die Vollziehung einer Hochzeitszeremonie von sekundärer Bedeutung (ohne darum natürlich irrelevant zu sein). Sie *kann* vorhanden sein, *muß* es aber nicht. Das schließt also alle Arten informeller Eheschließung in unsere Definition ein (z.B. Common Law-Ehe, römisch-rechtliche Usus-Ehe). Ich möchte auch betonen, daß diese Definition der Ehe in Begriffen der im Moment des Eheabschlusses intendierten Dauer keineswegs die Beendigung durch *Scheidung* ausschließt, wenn das Motiv für diese Vereinigung aus dem einen oder anderen Grunde sein Ende erreicht hat. Es würde jedoch mehr oder weniger beträchtliche Mißbilligung erregen, wenn die Partner öffentlich bezeugen würden, daß sie nur die Absicht haben, vorübergehend verheiratet zu sein. Angesichts des prekären Charakters menschlicher Bindungen wird es zweifellos unmöglich sein, zu fixieren, wie lange genau eine Ehe zu dauern hat, selbst wenn sich die Partner ursprünglich mit der entschiedenen Absicht vereinten, auf die Dauer zusammenzubleiben. Das mag die wichtigste Ursache für die weithin akzeptierte Bedingung sein, daß normalerweise die Ehe mit dem Tode eines Partners endet (selbst für den Gesetzgeber der Sowjetunion), obwohl jedermann weiß, wie später gezeigt werden soll (vergl. unten § 47), daß die vorherrschende Form der Ehe in den menschlichen Gesellschaften bestenfalls die relative Monogamie ist. In der Regel werden viele Ehen lange vor dem Tode eines der Partner beendet werden. Das schließt allerdings andererseits auch lebenslängliche Ehen nicht aus.

Diese Definition der Ehe bezieht sich zuerst und vor allem auf die beiden Gatten und ihr Verhältnis, sie schließt aber auch die gemeinsame Aufzucht der in der Ehe geborenen Kinder ein, was dementsprechend auch als sekundärer Bezeugungsfaktor gegenüber der sozialen Umwelt dienen kann; mit anderen Worten: sekundär heißt nicht bedeutungslos, wohl aber schließt es nicht aus, daß sich andere Instanzen der Kindererziehung annehmen (Verwandtengruppen aller Art). Der wesentliche Faktor bleibt also in der Tat die *affectio maritalis,* wie *Napolitano*[101] in seiner Diskussion des revolutionären russischen Eherechts und wie es vorher bereits russische Gelehrte definiert hatten. Mir scheint besonders wichtig, daß sogar neue revolutionäre Begriffe der Ehe in die obige Definition eingeschlossen werden können.

§ 45. Die Vorbetonung der Ehe. – Diese außerordentliche Betonung der Rolle der Ehe in der Familienbildung und ihrer ideologischen Anfälligkeit ist übrigens *eindeutig kein Universal,* sondern hat sich erst unter sehr speziellen Umständen herausgebildet. Die einfachsten Kulturen der Menschheit, die Jäger- und Sammlerinnengesellschaften, kennen zwar die Nuklearfamilie, aber die Institution der Ehe ist doch bei ihnen nur sehr undeutlich ausgebildet. Man spricht, auch bei modernen Völkern dieser Art wie den Ojibwa in Ontario und den Papago in Arizona vom *„formlosen Eingehen der Ehe“,* dem im Trennungsfalle auch eine *„formlose Scheidung“* entspricht[102]. Die Eheinstitution profiliert sich erst auf höherer Wirtschafts- und Kulturstufe mit der Zunahme der bei Gelegenheit der Eheschließung zwischen den Verwandtschaftsgruppen der Heiratenden getauschten Geschenke, die zunächst nicht als „Kaufpreis“, sondern vielmehr als symbolischer Ausdruck der Begründung von Beziehungen der Gegenseitigkeit anzusehen sind[103]. Damit erst entwickelt sich das *Zeremonial der Hochzeit,* die dann im Laufe der Entwicklung eine immer reichere Ausgestaltung erfährt. Bei den hochpatriarchalischen Völkern der Antike, bei den Arabern, den Hindu, Chinesen, alten Japanern und anderen Völkern von heute kommt es dann zur *Kaufehe,* die allerdings *nicht,* wie es so oft geschieht, als Sachenkauf mißverstanden werden darf; im letzteren Sinne kauft man nur Sklavinnen und Konkubinen. Mit dem eigentlichen Kaufpreis erwirbt man und begründet man vielmehr die *Legitimität der Nachkommenschaft*[104]. Diese Kaufehe hat heute noch eine weltweite Verbreitung, insbesondere in Asien und

Afrika, aber auch bei manchen Indianern der Neuen Welt. Ihre Überwindung ist ein Zentralpunkt bei vielen Frauenbewegungen der Dritten Welt.

Da bei der Kaufehe nicht nur familiäre und wirtschaftliche, sondern zumeist auch politische Transaktionen im Spiel stehen, ist es verständlich, daß der persönliche Wille der Heiratenden, insbesondere der Frauen, keine Rolle dabei spielt. Die „Konsensehe" konnte sich erst danach entwickeln, als im allgemeinen Individualisierungsprozeß der Gesellschaft persönliche Liebesverhältnisse die Regel geworden waren. „Konsens" spielte auch da eine relativ große Rolle, wo weder wirtschaftliche noch ökonomische Interessen im Spiel waren, nämlich bei den Unterklassen.

Die alte, insbesondere in der Rechtswissenschaft (seit A. H. Post) bis vor kurzem nachlebende Theorie von der *Aufeinanderfolge von Raubehe, Kaufehe und Konsensehe* ist übrigens schon lange aufgegeben worden. a) Raubehe scheint überhaupt nichts Ursprüngliches zu sein; b) auch ist sie keine Eheform, sondern bestenfalls ein Ersatz für die Hochzeit, wie unter gewissen Umständen heute noch in Sizilien; c) sie scheint eine Rolle zu spielen bei relativ späteren Übergangsprozessen von einer Eheform zur anderen (wie ebenfalls in Sizilien als Reaktion und Protest gegen eine von den Eltern arrangierte Ehe). Hier wirkt sie als Frauenschutz[105].

§ 46. Relative Unabhängigkeit der Sexualbeziehungen von der Ehe. – In allen Fällen aber scheinen sich die Sexualbeziehungen in relativer Unabhängigkeit von der Ehe zu entwickeln. Das darf natürlich nicht in dem Sinne mißverstanden werden, als hätten ursprünglich völlig ungeregelte Sexualbeziehungen, also „Promiskuität", geherrscht. Diese alte Theorie ist schon lange als völlig unsinnig anzusehen. Die Rolle der zahlreichen Sexualtabus und der Heiratsordnungen zeigt sehr deutlich die Bedeutung, welche die Menschheit seit jeher den Sexualbeziehungen zugeschrieben hat. Das bedeutet aber keineswegs, daß darum Sexualbeziehungen, wie in gewissen Idealvorstellungen postuliert, absolut exklusiv gewesen sein müßten. Selbst im viktorianischen Zeitalter galt diese Exklusivität nur für die Frauen, nicht aber für die Männer.

Vielmehr gibt es seit jeher *geregelte* a) *voreheliche,* b) *außereheliche* und c) *nebeneheliche Sexualbeziehungen*[106]. Selbst sehr „freie" voreheliche Beziehungen schließen spätere eheliche Treue nicht aus; in fast allen Kulturen gibt es gewisse Perioden (etwa Festlichkeiten), während denen außereheliche Beziehungen beider Partner anerkannt sind; schließlich gibt es rechtlich geregelte Formen der Teilnahme bestimmter Personen am Sexualleben der Ehepartner (z.B. Ausleihen der Frau an den Gastfreund, Rechte jüngerer Brüder oder Schwäger gegen die eigene Frau usw.). Hierher gehört auch die Einrichtung der „Zeugungshelfer", wenn eine Ehe kinderlos bleibt. Es gibt sogar Fälle, wo bei bestimmten Festzeiten alle Sexualtabus (auch des Inzests) aufgehoben werden. Allerdings ist auch das nicht als „Promiskuität" zu verstehen, denn die Anlässe dafür sind meist streng geregelt. Dasselbe trifft zu, wenn etwa der Koran einem Mann während einer Reise oder eines Kriegszuges erlaubt, eine Frau auf Zeit zu nehmen, solange er im Ausland weilt. Einsichten dieser und ähnlicher Art führten E. Durkheim zu dem Schluß, daß sich die Ehe nicht in der Regulierung von Sexualbeziehungen erschöpft, obwohl sie gegenseitige sexuelle Rechte einschließt, weil Sexualbeziehungen auch außerhalb der Ehe und insbesondere nach der Ehe, wenn auch unter besonderen Bedingungen und von gewissen Umständen abhängend möglich sind[107]. Wir erinnern nur (vergl. oben § 4), daß auch bei den sozialen Tieren das „Kumpanverhältnis" konstanter ist als die Sexualbeziehung.

Wir werden noch darauf hinzuweisen haben, daß sich aus diesem Grunde heute die Sexualwissenschaft von der Soziologie der Familie getrennt hat (vergl. unten § 68, 69). Die Sexualbeziehungen gehen in der Tat weit über die Familie hinaus und erweisen sich als vom kulturellen Wandel außerordentlich stark beeinflußbar, womit auch andere Probleme auftreten.

§ 47. Monogamie und Polygamie. – Hierher gehört auch die Frage vom gegenseitigen Verhältnis von Monogamie und Polygamie und ihre relative Verbreitung in der menschlichen Gesellschaft früher und heute. Die verschiedenen Eheformen lassen sich leicht zu einem System ordnen:

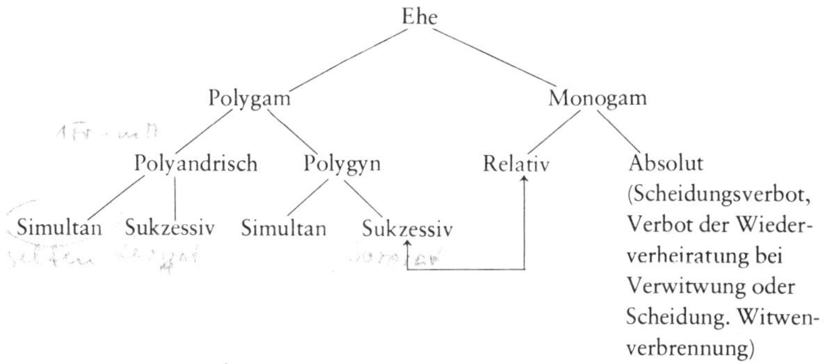

Abb. 7: Eheformen
Quelle: R. König 1969

Von den Formen der Polygamie ist die simultane Polyandrie am seltensten, d.h. eine Frau mit mehreren Männern (auch bei Tieren). Sie fand sich früher z.B. bei den Rentier Chukchee Sibiriens, bei den Nayar und anderen Völkern des indischen Subkontinents. Die sukzessive Polyandrie ist dagegen auch heute noch weit verbreitet, indem eine Frau nach dem Tode ihres Mannes dessen jüngeren Bruder oder einen Vetter von ihm in der „*Leviratsehe*" heiratet (vergl. oben § 25). (Übrigens sind beide Formen der Polyandrie, die alten und die neuen, oft mit Prostitution verbunden.) Bei der sukzessiven Polyandrie entspricht dem das „*Sororat*". Allgemein gesehen ist aber Polygynie am häufigsten (nach G.P. Murdock in bis zu 80% aller von ihm untersuchten 250 Kulturen), wobei man allerdings ebenfalls zwischen simultaner und sukzessiver Polygynie unterscheiden muß[109]. Simultane Polygynie bedeutet das gleichzeitige Vorhandensein mehrerer Ehefrauen (nach dem Koran bis zu vier), deren Zahl bei manchen Potentaten durch Konkubinen enorm ansteigen kann (Haremsbildung). Bei der sukzessiven Polygynie dürfen dagegen mehrere Frauen nacheinander geheiratet werden. Sie kommt darum der relativen Monogamie nahe, die für die modernen Industriegesellschaften die Regel geworden ist.

Im übrigen darf man sich trotz des Überwiegens der Polygynie keine übertriebenen Vorstellungen von ihr machen. Auch hier muß man unterscheiden zwischen Ideal und Wirklichkeit[110].

a) Jeder Mohammedaner *kann* mehrere Frauen haben und das

gilt darum als *kulturelles Ideal;* trotzdem haben nur die wenigsten, nämlich die Reichen, mehrere Frauen. Das gilt in vielen anderen Kulturen entsprechend.

b) Außerdem hat die Polygynie auch ihre logischen Grenzen. Bei einer Übertreibung der Vielehe einzelner Personen würden mit der daraus spontan resultierenden Verknappung der Frauen sehr schnell schwere Spannungen in der Gesellschaft entstehen, da viele dadurch zum Verzicht auf Eheschließung gezwungen würden. Wenn dann kein Ausweg gefunden wird, z.B. Heirat von auf Raubzügen gewonnenen Frauen, können diese Spannungen disruptiv werden angesichts der Intensität des Sexualtriebs.

c) Dies zeigt schließlich den Zusammenhang extremer Polygynie mit der Macht; sie ist einmal das Symptom der Macht des Herrschers, der, wie früher teilweise in Afrika, grundsätzlichen Anspruch auf alle Frauen seines Stammes hatte; zugleich erhält sie sich nur dadurch, daß der Herrscher imstande ist, das Aufbegehren der Benachteiligten erfolgreich zu unterdrücken. Ein europäisches Überbleibsel dieses patriarchalischen Anspruchs ist das *ius primae noctis,* das unter dem Feudalismus weit verbreitet war.

Umgekehrt muß auch die absolute Monogamie realistisch betrachtet werden. Selbst wenn auch sie in vielen modernen Gesellschaften zu einem Ideal geworden ist, heißt das nicht, daß ihr auch wirklich nachgelebt würde. Es heißt nicht einmal, daß das Ideal ganz streng verstanden wird; denn in diesem Falle müßte z.B. die Witwe beim Tode des Mannes dessen Los teilen wie im „Sati", der Witwenverbrennung bei den Hindus. So bleibt also realistisch betrachtet die durchschnittlich in den kapitalistischen und sozialistischen Industriegesellschaften verbreitete Form die sukzessive Polygynie oder relative Monogamie; man kann hinzufügen, daß bei gleichmäßig realistischer Betrachtung auch die Dritte Welt in diese Richtung tendiert.

§ 48. Nochmals Ehe- und Sexualverhältnisse. – Unter allen Umständen empfiehlt sich also die theoretische Trennung der Sexualbeziehungen von der Ehe; denn Sexualbeziehungen können sich grundsätzlich auch außerhalb der Ehe anbahnen. Diese Trennung erweist sich noch aus einem weiteren Grund als notwendig. Wenn die Ehe einzig als die rechtliche Regelung eines Lebensverhältnisses

zwischen Mann und Frau auf geschlechtlicher Basis angesehen wird, dann entsteht die Gefahr einer ausgesprochenen Fehldeutung von Ehe und Familie. Gewiß ist sexuelle Paarung eine wesentliche Funktion in der Familie, dennoch ist aber diese noch lange nicht zureichend erklärt. Denn letztlich reduziert sich damit die Familie auf eine quasi-biologische Anstalt zur Zeugung und Aufzucht von Nachkommenschaft und zur Brutpflege, während sie in Wahrheit eine sozialkulturelle Institution der Gesellschaft mit der Funktion des Aufbaus der sozialen Persönlichkeit des Menschen darstellt.

Außerdem könnte man auf der angedeuteten Grundlage sogar zu der extremen Meinung vorstoßen, daß die Familie durch andere Einrichtungen zur Brutpflege und Aufzucht der Nachkommenschaft ersetzt werden kann. Wenn es nur auf physische Zeugung ankäme, so könnte in der Tat alle Erziehung der Nachkommenschaft staatlichen Kinderheimen überantwortet werden. Es kommt aber bei der Familie nicht nur an auf physische Zeugung und Aufzucht, sondern vor allem auf die „zweite Geburt" des Menschen als sozial-kulturelle Persönlichkeit[111]. Das schließt natürlich nicht aus, daß in besonderen Fällen die „Sozialisierung" nicht durch die leiblichen „Eltern", sondern bei ausgeprägter „Altersklassenordnung" *durch alle Männer und Frauen der älteren Generation* durchgeführt wird, die auch alle als „Vater" oder „Mutter" angesprochen werden. Diese Art der Verwandtschaft wird als „klassifikatorische Verwandtschaft" bezeichnet und spielt in den primitiven Gesellschaften als eine Art von „Kollektivfamilie" eine sehr große Rolle.

Das heißt natürlich nicht, daß quasi-familiale Einrichtungen völlig ausgeschlossen sein sollen. Es gehört sogar zu den Hauptaufgaben der Familienpolitik in vielen Ländern, solche quasi-familialen Einrichtungen bereitzustellen, wenn aus irgendeinem Grunde Kinder allein aufwachsen müssen. Dazu gesellt sich in neuester Zeit bei zunehmender Erwerbstätigkeit der Frauen die Einrichtung von Kinderkrippen und Tagesheimen, die insbesondere in sozialistischen Ländern verbreitet sind. Hierher gehören auch die Kinderabteilungen der israelischen Kibbuzim. Man wird natürlich dafür sorgen, daß diese Anstalten einen heimähnlichen Charakter erhalten. Aber es steht fest, daß insbesondere Kleinkinder in Heimen schlechter gedeihen, selbst wenn diese in jeder Hinsicht (hygienisch, medizinisch, pädagogisch) viel besser organisiert sind als eine mittelmäßige Familie. Man kann übrigens das Defizit geradezu „messen": die Kleinkinder in Heimen wachsen langsamer, haben geringere Gewichtszunahme, ihr Wortschatz ist geringer, sie leiden öfter und länger an ansteckenden Krankheiten usf.[112]. So sind diese quasi-familialen Einrichtungen zwar sozial-politisch eine Notwendigkeit, sie können die Familie aber auf die Dauer nicht ersetzen, speziell nicht in der Frühsozialisation. Auch in den Kibbuzim hat sich die Beziehung Eltern-Kinder erhalten. Entscheidend bleibt in allen diesen Fällen, was die gegebene Kultur oder Gesellschaft als die zuständige Gruppe zur Entwicklung und Erziehung der Nachkommenschaft ansieht. Damit ist zweifellos eine gewisse Variationsmöglichkeit aufgeschlossen, diese bleibt aber immer im familiären oder quasifamiliären Raum eingeschlossen. So hat man neuerdings Formen des (familiären) Zusammenlebens mit spezieller Berücksichtigung der jeweiligen „Pflegeperson" untersucht und dabei eine unerwartet große Variabilität gefunden. In der Sozialpsychologie der Familie kehrt diese Problematik wieder unter dem Titel der „Familienkonstellationen"[112a]. Das zeigt wiederum, daß die gegenwärtigen entwickelten Industriegesellschaften einen ziemlich breiten Fächer an Definitionen bereithalten, was jeweils als Nuklearfamilie anzusehen ist, resp. wie groß ihr „Personalinventar" eigentlich ist. Das kommt auch in dem Begriff der „modifizierten erweiterten Familie" zum Ausdruck (vergl. unter § 77).

IV. Die moderne Familie

§ 49. *Der Familienzyklus.* – Die moderne Familie ist, abgesehen von der geringen Zahl erweiterter Familien in den Industriegesellschaften, in der Regel beschränkt auf das Gattenpaar und die unverheirateten unmündigen Kinder. Das ist die Nuklearfamilie im strengen Sinne, was aber das Vorhandensein anderer Personen nicht ausschließt.

Aufgrund der allgemeinen Individualisierung hat sich in dieser Nuklearfamilie der Familienzyklus heute wesentlich verändert, was insbesondere dann zu Tage tritt, wenn das Heiratsalter heruntergeht. Nehmen wir etwa das heute in den USA befolgte durchschnittliche Heiratsalter von 23 Jahren für den Mann und 20 Jahren für die Frau und setzen wir gleichzeitig, daß deren Kinder wieder unge-

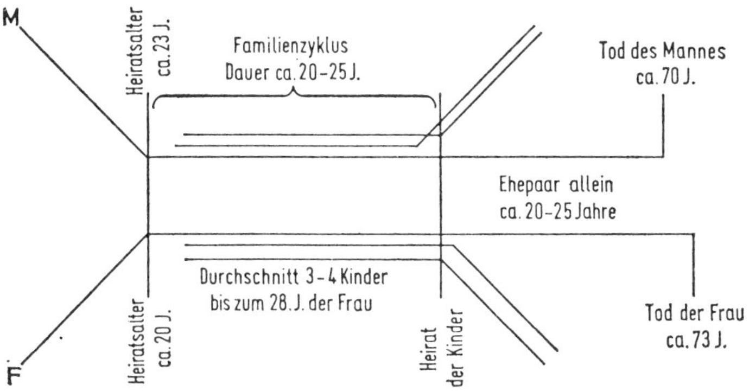

Abb. 8: Schematische Darstellung des Familienzyklus in den Vereinigten Staaten

Quelle: König, Familiensoziologie 224.

fähr im gleichen Alter heiraten, dann dauert der volle Familienzyklus heute höchstens 25 Jahre[113].

Die Familie beginnt mit der Eheschließung, um sich dann nach einer gewissen Zeitspanne (die – je nach Kinderzahl – mehr oder

Family cycle stage	*Sorokin, Zimmerman, and Galpin (1931)*	*National Conference on Family Life (1948)*	*Duvall* (1957, p. 8)	*Feldman* (1961, p. 6)	*Rodgers* (1962, pp. 64–65)
I	Starting married couple	Couple without children	Couple without children	Early marriage (childless)	Childless couple
II	Couple with one or more children	Oldest child less than 30 months	Oldest child less than 30 months	Oldest child an infant	All children less than 36 months
III		Oldest child from $2^1/_2$ to 5	Oldest child from $2^1/_2$ to 6	Oldest child at preschool age	Preschool family with (a) oldest 3–6 and youngest under 3; (b) all children 3–6
IV		Oldest child from 5 to 12	Oldest child from 6 to 13	All children school age	School-age family with (a) infants, (b) preschoolers, (c) all children 6–13
V		Oldest child from 13 to 19	Oldest child from 13 to 20	Oldest child a teenager, all others in school	Teenage family with (a) infants, (b) preschoolers, (c) schoolagers, (d) all children 13–20

VI	(III) One or more self-supporting children	When first child leaves till last is gone	When first child leaves till last is gone	One or more children at home and one or more out of the home	Young adult family with (a) infants, (b) preschoolers, (c) schoolagers, (d) teenagers, (e) all children over 20
VII	(IV) Couple getting old with all children out	Later years	Empty nest to retirement	All children out of home	Launching family with (a) infants, (b) preschoolers, (c) schoolagers, (d) teenagers, (e) youngest child over 20
VIII				Elderly couple	When all children have been launched until retirement
IX			Retirement to death of one or both spouses		Retirement until death of one spouse
X					Death of first spouse to death of the survivor

Tabelle 5
Quelle: G. P. Rowe: Nye und Berardo 208/09.

weniger lang sein kann) wieder auf das Gattenpaar zu beschränken. Bei steigender Lebenserwartung steigt auch die Zeit, die das Ehepaar nach Abschluß des Familienzyklus allein verbringt.

Dieser Abschluß tritt spätestens in dem Moment ein, da die Kinder großjährig geworden sind, ihre Berufsausbildung abgeschlossen haben und nun das Elternhaus verlassen, um eine eigene Familie zu gründen. Das ist auch der Grund, warum der Begriff „Gattenfamilie" eine im strengen Sinne *strukturelle* Bewandtnis hat, d.h. er bezeichnet jenen Teil der Familie, der ihre Dauer bestimmt. Wenn sich nun die junge Generation nach Ablauf des Familienzyklus von den Eltern distanziert, so heißt das nicht, wie schon vorher angedeutet, daß der Kontakt völlig abreißt; aber er ist doch nicht mehr so direkt und exklusiv wie vorher und verliert damit an Intensität und Regelmäßigkeit. Außerdem verwandelt er seinen Sinn in einer sehr entscheidenden Weise, indem jetzt nicht mehr so sehr „Eltern" und „Kinder" in dem neuen Verhältnis auftreten, sondern es verkehren gleichberechtigte Personen miteinander. Damit tritt von einem bestimmten Moment des Familienzyklus ab auch im Kern dieser modernen Familie ein Entscheidungsprozeß hervor[114].

§ 50. Phasen des Familienzyklus. – Der Begriff des Familienzyklus ist in jüngster Zeit immer wichtiger geworden, zeigt er doch, daß unter „Familie" je nach der zeitlichen Position in diesem Zyklus jeweils etwas ganz anderes verstanden werden muß, was dementsprechend auch verschiedene Probleme aufwirft: a) Jungehe ohne Kinder, b) Ehe mit Kindern im Vorschulalter, c) mit Kindern in der Präadoleszenz, d) in der Adoleszenz, e) die unmittelbar in die nachelterliche Phase der Ehe überleitet, bei der die Jugendlichen entweder gerade noch im Hause sind oder es bereits verlassen haben; das Elternpaar ist dann wieder allein f) bis zum Tode des einen Partners (g). An diesem Punkt sind die Lösungen verschiedene, indem der Überlebende entweder allein bleibt, oder sich wieder verheiratet, oder in den Haushalt eines seiner erwachsenen Kinder (oder reihum bei mehreren) oder schließlich in ein (Alters- oder Pflege-)Heim zieht. Im übrigen kann man den Familienzyklus auch anders phasieren, worüber Tabelle 5 Aufschluß gibt.

Der Familienzyklus macht seine Wirkungen auf die mannigfaltigste Weise bemerkbar. So bestimmt er z.B. häufig den Wohnort der Familie, indem junge Familien mit Kindern eine Tendenz haben, an den Rand der Städte zu ziehen, während junge Ehepaare ohne Kinder eher im Zentrum der Städte wohnen. Der Familienzyklus ändert sich nicht nur nach dem Heiratsalter, sondern vor allem auch nach der Kinderzahl und Geburtenfolge. Bei späterem Heiratsalter und auseinandergezogener Geburtenfolge (wie meist in den europäischen Mittelschichten) dauert er länger auch bei relativ wenig Kindern; er ist kürzer auch mit relativ vielen Kindern (wie z.B. in den USA) bei enger Geburtenfolge. Es bleibt aber in jedem Falle die Konsequenz, daß der Familienzustand nicht mehr lebenslänglich andauert.

§ 51. Rückentwicklung der elterlichen Gewalt. – Unmittelbar von diesem ersten Zug abhängig ist die Tatsache, daß die väterliche oder elterliche Gewalt über die Kinder nur so lange währt, wie die Kinder noch minderjährig sind. Außerdem hat das Mündigkeitsalter in vielen Ländern die deutliche Tendenz herunterzugehen. Schließlich kann der Zustand der Minderjährigkeit unter bestimmten Umständen noch vor Erreichung der rechtlichen Volljährigkeit beendet werden. Sie erfährt aber psychologisch immer einen deutlichen Abbau, wenn sich die Kinder dem Mündigkeitsalter nähern.

Diese Entwicklung kann nicht Wunder nehmen, wenn man bedenkt, daß die Kinder sich schon früh, spätestens mit sieben Jahren meist aber früher, ab etwa 4 Jahren, in familienfremden Milieus bewegen müssen: in Kindergärten, Vorschule und Schule, Spiel- und Sportgruppen, in der näheren und ferneren Nachbarschaft; Kultur- und Interessenverbände, Vereine usw. beschäftigen die Kinder in zunehmendem Maße. Außerdem macht sich neben der Sozialisation in Familie, Kindergarten und Schule zunehmend die *parallele Sozialisation* durch die neuen Massenmedien, insbesondere das Fernsehen, bemerkbar, was diesen Prozeß zweifellos in Zukunft eher beschleunigen wird. In der gleichen Richtung wirken die verschiedenen Einrichtungen der Berufsausbildung.

Nach Erreichung des gesetzlichen Mündigkeitsalters können dann die Kinder unter demselben Dach wohnen wie die Eltern, aber das ist immer mehr die Ausnahme. Außerdem fließen aus diesem Zustand immer weniger rechtliche Verbindlichkeiten. Überhaupt sind die Verbindlichkeiten der Kinder den Eltern gegenüber auf ein Minimum beschränkt: sie konzentrieren sich insbesondere auf die *Unterstützungspflicht*, wobei die Tendenz in den fortgeschrittenen Industriegesellschaften immer mehr auf die gesetzliche Einrichtung von Altersrenten geht, was zweifellos auf die Dauer den Begriff und die Realität der Unterstützungspflicht modifizieren wird. Eine der Konsequenzen scheint eine Neuüberlegung zu sein, wer eigentlich für die Unterstützungspflicht verantwortlich ist.

§ 52. Sonderrechte der Kinder. – Dazu kommt als weiteres Moment, daß die Sonderrechte der Kinder immer größer werden. Obwohl nämlich die minderjährigen Kinder rechtlich der väterlichen (oder elterlichen) Gewalt unterstehen, haben sie die Möglichkeit eigener Rechte. So können z.B. Kinder eigenes Vermögen haben. Allerdings auferlegt das Gesetz in diesem Falle den Eltern nicht nur die Pflicht zur Verwaltung dieses Vermögens, sondern es räumt ihnen auch bis zur Mündigkeit die Nutzung dieses Vermögens ein. Man kann aber sagen, daß das Vorhandensein eines Sonderguts aus Vermögen oder Arbeitserwerb zur unmittelbaren Veranlassung wird für ein frühzeitiges Ausscheiden der Jugendlichen aus der Familiengemeinschaft (wie wir es insbesondere bei der Arbeiterfamilie mit ihrer besonders betonten Tendenz zur Frühehe finden). Nach dem Erlöschen der elterlichen Gewalt haben dann die Eltern allgemein die Pflicht, das Kindesvermögen herauszugeben. In manchen Fällen mögen dabei die Eltern als Verwalter des Kindesvermögens nicht akzeptierbar sein, dann geht die Verantwortung auf eine neutrale Instanz über (Amtsvormundschaft).

§ 53. Subjektivierung der Familienbeziehungen. – Allgemein kann man sagen, daß die objektiv-dinglichen und überhaupt die formalisierbaren Beziehungen in der Familie rückläufig werden. Vor allem zeigen die Gewaltverhältnisse des Vaters gegenüber Frau und Kindern die Tendenz, sich zu modifizieren. In vielen Gesetzgebungswerken spricht man sogar ausdrücklich von „*elterlicher Gewalt*", während der Ehemann vor allem der „Vertreter" der elterlichen Gemeinschaft nach außen ist. Die Kinder stehen heute auch zumeist nicht mehr kraft der Hausgemeinschaft unter der Autorität des Vaters oder der Eltern, sondern der Grund ihrer Unterwerfung liegt einzig in ihrer *Minderjährigkeit* und der daraus resultierenden

Hilfsbedürftigkeit. Daneben kommen dann die rein persönlichen und subjektiven Beziehungen immer mehr in den Vordergrund. Damit ist der Bereich der gesetzlich objektivierten Beziehungen stark verkleinert, während der Bereich jener Beziehungen, deren Gestaltung dem *freien Ermessen* der Beteiligten und der Sitte anheimgestellt ist, immer größer wird[115]. Das ist leicht zu verstehen, wenn man bedenkt, daß die persönlichen Beziehungen in der Familie seit dem 19. Jahrhundert einen immer mehr gefühlsbetonten Charakter angenommen haben. Es ist nun für das Gefühl nicht nur bezeichnend, daß sich in ihm die einzigartige Individualität des Menschen ausspricht, sondern aus dem gleichen Grunde auch die Konsequenz, daß es sich jeder allgemeinen Regelung gesetzlichen Charakters als unzugänglich erweist. Wir empfinden es heute als ganz selbstverständlich, daß sich das geltende Recht nicht mehr in die Gestaltung unseres persönlichen Lebens einmischt, während früher alles mit einem wuchernden Paragraphenwust reglementiert wurde, wie besonders deutlich unter dem Regime des „aufgeklärten Despotismus" sichtbar (z.B. im Allgemeinen Preußischen Landrecht).

§ 54. Die Gattenbeziehung. – Während sich also zahlreiche Beziehungen zwischen Eltern und Kindern gelockert haben und ins persönliche Belieben gestellt sind, erscheint einzig die Gattenbeziehung durch die heute (mindestens dem Postulat nach) allgemein anerkannte Form der *Dauermonogamie* sehr viel fester geworden (wir stellen die Ehescheidung vorläufig noch zurück, vergl. unten §§ 78–92). Dem entspricht auch daß alle modernen Gesetzgebungswerke dem Familienrecht das Eherecht vorangehen lassen; das geschieht nicht nur, weil die Familie mit der Eheschließung beginnt, sondern weil das Ehepaar in der Familie eine ganz neuartige strukturelle Relevanz gewonnen hat. So werden die Ehe und das Gattenpaar in der Tat a) zur *zentralen Zone* dieses Familientyps, dem die Kinder von vornherein mit einer gewissen Selbständigkeit und auch mit einem gewissen Abstand gegenüberstehen. Während nun aber die Kinder spätestens nach Erreichung der Volljährigkeit aus dem Familienverband austreten, der sich dementsprechend in gewisser Weise auflöst (vergl. oben § 49), überlebt einzig die Ehegemeinschaft. Sie stellt also nicht nur die zentrale, sondern b) auch

die einzig permanente Zone der Familie dar[116]. Damit zeigt sich nochmals der Zug, den wir schon vorher besprochen haben (vergl. oben § 45), daß sich die Institution der Ehe in den Vordergrund drängt und die eigentlichen Familienordnungen, die über die selektierten familiären Verkehrskreise hinausgehen, immer blasser werden läßt.

All den angeführten Zügen entspricht es, daß die Position eines Menschen in der Gesellschaft heute nicht mehr von der Familie, sondern von seiner eigenen individuellen Leistung bestimmt wird (vergl. oben § 37). Das führte die moderne Soziologie zur Gegenüberstellung zweier Gesellschaftsstrukturen, in der die Einordnung einer Person entweder durch den Familienstand „zugeschrieben" (ascribed) oder durch wirtschaftliche Leistung (achievement) entschieden wird.

V. Das Problem des Funktionsverlustes

§ 55. Funktionsverlust als „Lockerung" der Familie. – In der wissenschaftlichen Analytik der beschriebenen Entwicklung hat man früher gern den Begriff des „Funktionsverlustes" benutzt und gleichzeitig als Grund für eine durchwegs negative Bewertung dieser Entwicklung genommen. Allerdings hat die neuere Kritik eine vorsichtigere Stellung hierzu eingenommen[117].

Es ist sicher richtig, daß die älteren Familienformen, insbesondere die verschiedenen Typen der erweiterten Familie, eine Fülle von verschiedenen Funktionen übten (wirtschaftliche, kulturelle, religiöse, erzieherische, politische). Es ist auch richtig, daß die erweiterten Familien der Oberklasse ihren Angehörigen eine außerordentliche Sicherung verliehen. Diese ausgedehnten Verwandtschaftssysteme waren wirtschaftliche Verbände von beachtlicher Stoßkraft, gleichzeitig wirkten sie als politische Gruppen mit Blutrache und Blutfehde und hatten im Ahnenkult eine feste religiöse Einheit. Dazu kam, wie etwa in der alten chinesischen Großfamilie, eine Ausbildung von Spezialisten und Berufen in der Familie, so daß diese auch die Schulfunktion, Ausbildungsfunktion, Versicherungs- und Versorgungsfunktion, Schutz der Alten, Schwachen, Kranken und Invaliden erfüllen konnte, was heute alles an spezialisierte Institutionen der allgemeinen Gesellschaft übergegangen ist.

§ 56. Funktionsverlust und wirtschaftliche Produktivität. Wenn man den Funktionsverlust bedauern will, so wird man doch nicht leugnen können, daß im Zuge dieser Einrichtung die wirtschaftliche Produktivität der Gesellschaft ungeheuer gewachsen ist. So zeigt sich auch umgekehrt, daß der allzu große Verlaß auf die Hilfe der Familie zur Unterbindung der Initiative (vergl. oben § 34) führen muß. So entstand der Begriff des „*Familienparasitismus*", der die Ausbeutung der Familiensolidarität durch unfähige und faule Elemente bezeichnet[118]. Der Familienparasitismus ist sicher eines der

Elemente, welche die Entwicklung der Dritten Welt verhindert haben. Darum haben z.B. in China die großen Reformer von Sun Yat-sen bis Mao Tse-tung alles dazu getan, die alte chinesische Großfamilie zu Gunsten der wirtschaftlichen Entwicklung durch gezielte politische und gesetzgeberische Maßnahmen zu zerstören.

§ 57. *Funktionsverlust: Pro und Contra.* – Da sich aber allgemein herausgestellt hat, daß die meisten genannten älteren Funktionen der Familie (zu denen noch viele andere kommen) genau so gut, wenn nicht gar wesentlich besser durch spezialisierte Organisationen der Wirtschaft wahrgenommen werden können, zwingt sich die Frage auf, ob diese Abtretung der Funktionen *wirklich ein Verlust* ist. Dazu kommt das immer deutlichere Hervortreten der eigentlichen Familienfunktion als Aufbau der sozial-kulturellen Person des Menschen, der Sozialisierung des Menschen, der emotionalen Spannungsbewältigung usf., die von keiner anderen sozialen Institution adäquat geleistet werden können. So kam Robert McIver schließlich zu folgender Feststellung: „As the family lost function after function it found its own. It became an association, the primary association within which husband and wife became father and mother, bound by a simple tie, animated by a clarified emotion which begins in the love of parent and children. Only in this unitary family can these emotions find free expression, and as the community grows the family takes this unitary form. What it looses in extent it may more than regain in quality."[119] Damit beginnt eine ganz neuartige Bewertung der ganzen Frage. Dazu kommt noch die weitere Einsicht, daß die geschilderten Verhältnisse der erweiterten Familie weitgehend nur für die politische und wirtschaftliche Oberklasse zutrafen, während die Unterklassen seit jeher in Nuklearfamilien lebten. Da sie nichts besaßen, konnten sie auch nichts abgeben. Der Funktionsverlust traf also in Wahrheit nur den Großhaushalt und kann schon darum nicht als allgemeines Gesetz angesehen werden[120].

VI. Die Zentralfunktion der modernen Familie

§ 58. *Die „zweite Geburt".* – Die eigenste Funktion der Familie ist der Aufbau der sozial-kulturellen Person des Menschen im Rahmen einer kleinen Gruppe, die sich ferner dadurch auszeichnet, daß die Menschen in ihr durch intime und stärkste Gefühle verbunden sind. Um die Wirkung dieser Gruppe recht zu verstehen, muß man die Erkenntnisse der modernen Kulturanthropologie heranziehen, die schlagend zeigen, daß im Gegensatz zu den meisten höheren Vertebraten, die relativ „fertig" auf die Welt kommen, der Mensch ohne Hilfe nur wenige Stunden zu überleben vermöchte[121]. Dies beweist, *daß sein biologisches Überleben wesentlich sozial bedingt ist.* Ferner setzt genau hier die eigenste Funktion der Gruppe Familie an, die, speziell in der unentwickelten Menschheit, durch keine andere Institution ersetzt zu werden vermag. Aus diesem Grunde hat man auch gesagt, daß die physische Geburt des Menschen bei weitem nicht das Entscheidende ist, sondern erst seine „zweite Geburt" als sozialkulturelle Person (R. König). Diese zweite Geburt wird durch die Familie geleistet.

§ 59. *Soziabilisierung und Sozialisation.* – Die elementare Gestaltung der menschlichen Person verläuft in zwei Phasen: a) Soziabilisierung und b) Sozialisation. a) Die „Soziabilisierung" (D. Claessens) dient der Koordinierung der physischen Fähigkeiten usf., kurz, sie bereitet den Menschen vor für die weitergehende Sozialisation[122]. Dazu gehört nicht nur die Ausreifung der elementaren Fähigkeiten, die bei der Geburt nur bedingt funktionstüchtig sind, sondern auch die Begründung des menschlichen Urvertrauens und von Lebensrhythmen, die in den verschiedenen Kulturen sehr verschieden sind (Hunger, Tätigkeit, Entspannung, Schlaf, Durst, physische und psychische Sicherheit usw.), schließlich auch als wichtigstes das Reinlichkeitstraining. Insbesondere letzteres hat große Schwierigkeiten zu überwinden, wie z.B. die Regelung der Harntriebhaftigkeit und der Darmentleerung. Diese erste Phase steht fast ausschließlich im Zeichen der Mutter[123]. b) In der zweiten Phase beginnt die eigentliche „Sozialisation" als Einführung in die geregelte Welt sozialer Beziehungen. Gerade dabei zeigt sich der außerordentliche Reichtum der Auswirkung der Familie auf den Menschen. Man kann zusammenfassend ungefähr so sagen: Die Tiefenschichten des Charakters und der Persönlichkeit werden in dieser frühesten Entwicklung vom ersten bis zum vierten Lebensjahr in dem kleinsten Kreise der Familie begründet. Man darf diesen Satz natürlich nicht dahin mißverstehen, daß später nichts Entscheidendes mehr zur Entwicklung der menschlichen Persönlichkeit hinzukommen würde. Im Gegenteil: mit jedem Schritt, den der junge Mensch aus der Familie heraus tut, eröffnen sich ihm nicht nur neue Möglichkeiten des Lebens, sondern er geht auch durch immer neue Sozialisationsprozesse. Das Lernen hört nicht auf bis zum höchsten Alter. Andererseits aber bleibt doch, daß keines dieser Erlebnisse, keiner dieser Sozialisationsprozesse, durch die er hindurchgeht, ihn in der gleichen Tiefe ergreifen wie die Erlebnisse im engsten Familienkreise während der frühesten Kindheit. Zur differenzierten Erkenntnis dieser Entwicklung haben sowohl die *Sozialpsychologie* wie insbesondere die *Tiefenpsychologie* der letzten Jahrzehnte außerordentlich wichtige Materialien beigebracht[124].

§ 60. Sozialpsychologie der Familie. – Die *Sozialpsychologie* der Familie ist zunächst Psychologie einer kleinen Gruppe. Dabei zeichnet sich diese kleine Gruppe vor allem dadurch aus, daß ihre Mitglieder neben anderen Interaktionen insbesondere durch ein intensives Liebesband verknüpft sind und daß in der Regel die einen (die Kinder) biologische Abkömmlinge der anderen (der Eltern) sind. Die Grundbeziehungen in der Familie spielen sich in der Tat im emotionalen Bereich ab. Das Kind gewinnt Sicherheit gegenüber sich selbst, der Welt, anderen Kindern und Erwachsenen durch das Empfinden der Geborgenheit im kleinen Kreis. Das Sicherheitsbedürfnis der Kinder ist so groß, daß sie eine Art von passivem Eigentumsbewußtsein ausbilden. Sie empfinden sich als Eigentum bestimmter zugeordneter Erwachsener, mit denen sie auf einzigartige Weise verbunden sind. Diese Sicherheit, die auch die Stabilität der persönlichen Entwicklung bestimmt, wird aber, wie man weiß, we-

sentlich von der Gewißheit getragen, von den Eltern akzeptiert zu sein.

Die *Tiefenpsychologie* beschäftigt sich insbesondere mit den individuellen „Fixierungen“ der Kinder an Vater und Mutter, deren Rollen durchaus verschieden sind. Der Vater konzentriert sich auf die mehr „instrumentalen“ Rollen, die Mutter auf die mehr „emotionalen“. Ein Kind hat eben – auch soziologisch gesehen – wirklich zwei Eltern, in denen ihm auch die zwei Hälften der Gesellschaft gegenüberstehen, nämlich die männliche und die weibliche Seite[125]. Dies wird gelegentlich unterschätzt; vor allem neigen die Väter dazu, ihre Funktion nur unvollkommen zu erfüllen. In diesem Sinne prägte A. Mitscherlich den Begriff vom „unsichtbaren Vater“[126].

Eine Folge der genannten „Fixierungen“ ist die *„Überorganisation der Familie“* (R. König), die jeweils dann auftritt, wenn der Prozeß des Austretens aus der Familie verspätet oder sogar verhindert wird. Unter Umständen können schwere psychische Störungen die Folge sein.[126a] Bei Tieren treten hier die Akte des „Abstoßens“ auf (vergl. oben § 5).

§ 61. *Rangordnung der Geschwister.* – Da sich die Familiengruppe mit der Nachkommenschaft des Ehepaares entwickelt, kommt es ferner für die Bewertung der Stellung der Kinder in diesem System auf die Rangordnung der Geschwister an.

Die Stellung des Einzelkindes ist schon seit langem Gegenstand zahlloser Untersuchungen gewesen. Sie zeichnet sich dadurch aus, daß es übermäßig stark in die Gemeinschaft der Erwachsenen hineingezogen wird („Erwachsenenkind“). Daneben stehen die Probleme, die erst mit der Geburt anderer Kinder verschiedenen Geschlechts auftreten. So muß z.B. das Erstkind mit den jüngeren Geschwistern die Zuneigung der Eltern „teilen“, über die es vorher allein verfügte[127]. Der österreichische Tiefenpsychologe A. Adler hat als erster gezeigt, wie außerordentlich verschieden die Positionen in der Geschwisterreihe sind, also die Positionen des Erstgeborenen, des Zweitgeborenen, des Drittgeborenen, der das zweite Kind in mittleres Kind verwandelt, die Position des Nachgeborenen, der unter Umständen wieder wie ein Erstgeborener ist, wenn er im Alter von den anderen weit entfernt ist[128]. Der wesentliche Zug dieser Problematik liegt wohl darin, daß innerhalb des engen Zusammenhangs der Familie ein Wettbewerb um die Zuneigung der Eltern auftritt, was nicht ohne Krisen abläuft, da es dabei letztlich um einen Kampf um Macht geht. Außerdem spielt die Zusammensetzung der Geschwister nach Geschlechtern eine Rolle. Alle diese Probleme werden heute unter dem Titel der „Familienkonstellation“ abgehandelt.

VII. Partnerwahl und Heiratsmarkt

§ 62. *Einleitung.* – Angesichts der besonderen Charakteristik der modernen Familie als Intimgruppe, deren Hauptfunktion die Sozialisation der Nachkommenschaft ist, erweist sich nochmals die überragende Bedeutung des Gattenpaares für das Gedeihen der Familie. Das rechtfertigt zunächst von neuem den Begriff der „Gattenfamilie", erhebt aber als nächstes Problem die Gatten- oder Partnerwahl, welche die moderne Familiensoziologie beträchtlich beschäftigt hat.

§ 63. *Das Problem der Partnerwahl.* – Wir haben schon erörtert (vergl. oben § 40), daß früher die Partnerwahl darum in den Hintergrund trat, weil die eigentlichen Akteure zwei Verwandtengruppen waren, während der Wille der Heiratenden erst in zweiter Linie oder überhaupt nicht in Erscheinung trat: Im Extremfalle wurden die Kinder einander unter Umständen schon vor der Geburt, mindestens aber im jüngsten Alter verlobt oder sogar verheiratet (Kinderehe). Bei der Indikation der möglichen Partner durch das System der besonders beliebten Verwandtschaftsgrade bei der Heirat ist dies leicht zu verstehen. Umgekehrt ist bei Individualisierung der Ehe die Partnerwahl einzig und allein – mindestens dem Ideal nach – Sache der zukünftigen Ehegatten, so daß sich die Frage nach den eventuellen Gesetzlichkeiten erhebt, die hier in Erscheinung treten. Es fragt sich vor allem, ob das Ideal einer völlig „freien" Partnerwahl dem entspricht, was in Wirklichkeit geschieht.

Auch in dieser Hinsicht zeigten sich früher ungemein einseitige Bewertungen, die kritischer Prüfung nicht standgehalten haben. So hieß es, eine Partnerschaft sei beständiger, wenn sie auf dem Willen zweier Verwandtengruppen ruhe (Standesehe). Dem widerspricht aber der Umstand, daß dadurch sehr häufig Menschen zusammengezwungen wurden, die nicht zueinander paßten, mit den entsprechenden Folgen für die Nachkommenschaft; denn es gibt nichts Schlechteres, als in einer schlechten Ehe aufgewachsen zu sein, Kinder aus schlechten Ehen ergeben selbst meist schlechte Ehepartner. So finden wir auch überall in den absteigenden älteren Gesellschaftsformen einen Aufstand der Jugend gegen diese angeordneten Ehen, auch in vorrevolutionären Gesellschaften wie dem Rußland des 19. Jahrhunderts, wo junge Frauen den Selbstmord einer Zwangsehe vorzogen[129], oder heute in vielen Ländern der Dritten Welt[130].

Umgekehrt kann eine höchst persönliche Wahl des Partners ausgesprochen stabile Verhältnisse schaffen, wenn dabei Menschen zusammenkommen, die gut zueinander passen. Die ältere Theorie kommt in dem Schweizer Sprichwort zum Vorschein: „Heirate über den Mist, dann weißt du, wer sie ist". Gegenüber dieser Faustregel wird alles „Fremde" verteufelt. Man muß sich fragen, ob damit alle Möglichkeiten erschöpft sind, und ob es nicht soziale Prozesse gibt, welche Partner verschiedener Herkunft zusammenbringen, die auch zueinander passen. Auch hier zeigt sich der Unterschied zwischen dem Ideal der absolut freien Wahl und einer Wirklichkeit, die selber selektiv ist.

§ 64. Die Gruppe der Wählbaren. – Im Gegensatz zum Ideal völlig freier Wahl zeigte die neuere Soziologie überraschenderweise, daß auch heute die Wahl nicht auf einem weiten und unbestimmten Felde, sondern im Rahmen eines eng begrenzten Bereichs erfolgt. Das würde einer Regel entsprechen, die man als „Gleich und gleich gesellt sich gern" umschreiben könnte. Der wissenschaftliche Ausdruck dafür lautet *„Homogamie"*. Die nächste Frage lautet dann: „gleich" in Bezug worauf? Welches sind die Kriterien der Homogamie? Damit beginnt erst die moderne Forschung. Diese hat übrigens weitreichende Konsequenzen, da mit den Entscheidungen in dieser Hinsicht gleichzeitig Vermutungen über die Gründe der Scheidungshäufigkeit (vergl. unten §§ 86ff.) ausgesprochen werden, mit der die vorhandene oder fehlende Stabilität „gemessen" wird. Allzu große Verschiedenheit der Partner, also *„Heterogamie"*, soll nach dieser Theorie für die Häufigkeit der Ehezusammenbrüche verantwortlich sein.

Als Kriterien der Ähnlichkeit sind die verschiedensten Faktoren genannt worden: Rasse, Nationalität, Geburtsort, Konfession, räumliche Nähe, gleiche soziale Klasse, ähnliche Wertausrichtung (auch politisch), Bildung, Ausbildung und sonstige Gewohnheiten. Aufgrund dieser Umstände bauen sich selektive Verkehrskreise auf, innerhalb derer die jungen Menschen ihre zukünftigen Partner suchen und finden. Diese Verkehrskreise bahnen sich übrigens schon sehr früh an, z.B. in der Schule, so daß die daraus resultierenden Partnerschaften grundsätzlich nicht wahllos und zufällig, sondern in irgendeiner oder meist sogar mehreren Hinsichten homogam sind[131].

	Jungen		Mädchen		Total	
Cliquen und Klassen	N	%	N	%	N	%
Gleich und gleich	302	59	490	66	792	63
Über eine Klassenlinie	190	37	224	30	414	33
Über zwei Klassenlinien	22	4	30	4	52	4
Total	514	100	744	100	1258	100

Tabelle 6. Cliquenbeziehungen innerhalb und zwischen sozialen Klassen nach absoluten Zahlen und Prozenten für jedes Geschlecht

Quelle: A. B. Hollingshead, Elmtown's Youth (New York 1949) 212.

Vor allem zeigt sich auch, daß die weit verbreitete Vorstellung, daß bei erhöhter sozialer Mobilität immer mehr einander völlig fremde und darum auch verschiedene Menschen zusammentreffen müßten, auch nicht ohne weiteres plausibel ist: Denn einerseits suchen Menschen trotz aller Wanderungsbereitschaft ihren Lebenspartner meist in unmittelbarer räumlicher Nähe; ferner pflegen sich Migranten am Zielort meist nach der gleichen regionalen Herkunft zu assoziieren, wie man z.B. heute an den Einwanderern in die afrikanischen Städte südlich der Sahara feststellen kann[132], so daß ein Partner aus der gleichen Region leichter zu finden ist, als man meint. Im übrigen scheint es so zu sein, daß jeweils mehrere Faktoren in die gleiche Richtung wirken und damit die Entscheidung erleichtern.

§ 65. Komplementarität. – Diese ersten Einsichten wurden vor einiger Zeit beträchtlich vertieft, indem man gewissermaßen innerhalb einer Vorwahl („Gleich und gleich gesellt sich gern“) einen weiteren Auswahlmechanismus auftreten ließ, der nicht nach

Gleichheit, sondern nach *Komplementarität* entscheidet („Gegensätze ziehen einander an"). Es scheint wahrscheinlich, daß in einer ersten Phase mehr die Ähnlichkeiten und in einer zweiten mehr die Komplemente zum Zuge kommen[133]. Das heißt natürlich auch, daß die *Dauer der Werbung* hierbei eine Rolle spielt, während der die verschiedenen Selektionsmechanismen nacheinander in Wirksamkeit treten[134]. So wurde schon vor Jahrzehnten die Vermutung ausgesprochen, daß eine Ehe umso stabiler sein würde, je länger einander die Partner vor der Eheschließung gekannt hätten. Wirklich „bewiesen" wurde diese These aber nicht[135].

§ 66. *Tiefenpsychologie.* – Die letzte Entscheidung wird wahrscheinlich nicht mehr so sehr sozial als vielmehr psychologisch bedingt sein. Hier setzt dementsprechend die Persönlichkeitsanalyse und Tiefenpsychologie mit ihrer „Schicksalsanalyse" ein (L. Szondi)[136]. Sie versucht, die unbewußten psychischen Mechanismen zu klassifizieren und ihr Zusammenwirken zu erklären, ohne die sich die Frage der Partnerwahl nicht restlos verstehen läßt.

Trotz aller noch offenen Probleme zeigt sich, daß eine Partnerwahl mit Chancen einer stabilen Ehe auch unter veränderten Verhältnissen möglich ist, wobei heute entscheidend ist, daß junge Leute beiderlei Geschlechts viel öfter als früher Gelegenheit haben zusammenzukommen. Das beginnt bei Koedukation bereits in der Schule. Selbst wenn die Entscheidung letzten Endes aus höchst persönlichen Gefühlen erfolgt, die natürlich schwankend sein können wie alle Emotionen, wird die Gemeinschaft der Partner durch eine Reihe anderer Faktoren mitgetragen, über die die Wissenschaft bisher nur wenig Sicheres zu sagen hat.

§ 67. *Kommerzielle Ehevermittlung.* – Im übrigen zeigt sich, daß bei der Partnerwahl gelegentlich spezialisierte Organisationen auftreten in Form kommerzieller Ehevermittlung. Untersuchungen haben aber gezeigt, daß sich der Beruf des Ehevermittlers trotz aller Bemühungen zur Aufwertung nicht so recht entwickelt, trotz Einsatz von Computern, um zusammenpassende Paare zu identifizieren. So scheinen die früher so oft beklagten Hindernisse des gegenseitigen Sichkennenlernens nur eine vorübergehende Erscheinung zu sein, die mit wachsender Tendenz zur Koedukation in der Schule, zu regelmäßigen Verabredungen von Jungen und Mädchen (Dating), zu gemeinsamen Freizeitaktivitäten und Jugendtourismus schnell rückläufig wird, so daß nur noch besonders schwierige Fälle für die kommerzielle Ehevermittlung übrig bleiben.

VIII. Sexualität und Ehe

§ 68. *Einleitung.* – Die besondere Betonung der emotionalen Aspekte der Ehe ist auch durch neue Auffassungen von der Rolle der Sexualität in der Ehe genährt worden. An und für sich gehört die Verbindung von Ehe und Sexualität zu den Universalien der Familiensoziologie; denn man muß davon ausgehen, daß Familie nicht nur eine Gruppe ist, in der die Mitglieder durch starke Gefühle verbunden sind, sondern zugleich eine solche, in der die jüngeren Mitglieder in der Regel biologische Abkömmlinge der älteren sind. Das unterscheidet sie von allen anderen Gruppen, die wir kennen.

Dementsprechend kann man sagen, daß man überall da die Institution der Familie diagnostizieren kann, wo Mann und Frau in geschlechtlicher Gemeinschaft zusammenleben und ihre Nachkommenschaft gemeinsam aufziehen, selbst wenn das wirtschaftliche, soziale und politische Gewicht auf (weiteren) Verwandtschaftszusammenhängen beruht. Das wurde übrigens vom sowjetischen Gesetzgeber sogar in der Zeit der sogenannten „freien Ehe" (d.h. der nicht im Standesregister eingetragenen Ehe) anerkannt (seit 1927); hier war die Bezeugung des Willens zur Lebensgemeinschaft gegenüber Dritten entscheidend (vergl. oben § 44).

Andererseits geht aber die Sexualität weit über Ehe und Familie hinaus, da Sexualität grundsätzlich auch außerhalb der Ehe praktiziert werden kann (vergl. oben § 46). Diese einseitige Unabhängigkeit der Sexualität von der Ehe gibt der ersteren auch ganz andere Entwicklungsmöglichkeiten. Daraus resultieren viele Konflikte, wenn sich schnell wandelnde Vorstellungen von der Sexualität die nur relativ langsam bewegliche Institution der Ehe beeinflussen.[137] Dann zeigt sich der Zwiespalt immer wieder, daß zwar eheliche Beziehungen Sexualbeziehungen einschließen, daß aber umgekehrt Sexualbeziehungen als solche die Ehe weder erklären noch sie gar erschöpfen können, sondern weit darüber hinausgehen. Das hat ein für alle Mal der „*Kinsey-Report*" bewiesen, unangesehen der methodologischen Fragen, die ihm gegenüber geäußert werden können.[138] Auch ist die Gestaltung der Sexualbeziehungen in der Menschheit, wie häufig gezeigt werden konnte, stärkstens von wandelbaren Moden abhängig, was wiederum den funktional bedingten Stabilitätsansprüchen der Ehe widerspricht. Das heißt auch, daß die Sexualität in doppelter Blickrichtung analysiert werden muß, einmal für sich, das heißt in der Sexualwissenschaft, das andere Mal im Rahmen von Ehe und Familie, insbesondere in Bezug auf die Fortpflanzung, die eine entscheidende Rolle in der Familie spielt.

§ 69. *Außereheliche Sexualbeziehungen.* – Im vorliegenden Zusammenhang kann natürlich die Frage der Sexualität nicht in ihrer ganzen Breite, sondern einzig in Bezug auf Ehe und Familie behandelt werden. Das ist aber um so wichtiger, als es sich hierbei um Lebensformen handelt, die in einer zwar wandelbaren Beziehung zur Ehe und Familie stehen, aber bisher weitgehend noch nicht vom Recht erreicht worden sind, was mindestens problematisch ist. Dazu muß man nur bedenken, daß in einem Teil der Welt seit mehr als hundert Jahren eine sexuelle Befreiungsbewegung im Gange ist, die nicht ohne Einfluß auf die Gestaltung der Ehe bleiben konnte. Das wirkt sich insbesondere in der Wiederentdeckung des Liebespaares aus, das aller Eheschließung vorausgeht und auch von der öffentlichen Meinung heute weithin als Voraussetzung für eine eheliche Verbindung angesehen wird. Das Liebespaar tauscht aber nicht nur Zärtlichkeiten aus, sondern kommt schnell zur Aufnahme eines vollen Sexualverkehrs. Damit sind die vorehelichen sexuellen Beziehungen wieder in den Vordergrund getreten, die man in falscher Prüderie früher verteufelte (wenigstens im 19. Jahrhundert, während man darin noch früher viel weniger prüde war).

Die Sozialanthropologie hat zeigen können (z.B. Bronislaw Malinowski in epochemachenden Schriften), daß starke Freiheit in den vorehelichen Beziehungen nach Eheschluß gegenseitige eheliche Treue nicht ausschließt.[139] Eine andere Form, die heute in den Industriegesellschaften weit verbreitet ist, ist die Ausgestaltung jugendlicher Liebesbeziehungen mit verschieden gradierten Formen sexueller Betätigung auf längere Dauer, also in sogenannten „*festen Verhältnissen*", im Amerikanischen als „*Going steady*" bezeichnet. Das ist wohl auch in der überwältigenden Majorität der Fälle die heutige Regel, während häufiger Wechsel der Geschlechtspartner nur in besonderen Fällen (oder vorübergehend) beobachtet wird[140]. Meßbar werden diese Erscheinungen erst unter dem Titel „*Geschlechtsverkehr unter Verlobten*“. Das setzt aber bereits einen höheren Grad der „Formalisierung“ oder „Organisierung“ dieses Verhältnisses voraus, was nicht für alle diese „Verhältnisse“ angenommen werden kann. Es ist offensichtlich schwer, Kriterien für diese längerwährenden Liebesverhältnisse zu finden, selbst wenn vielleicht kein „direktes“, sondern nur ein „indirektes“ rechtliches Interesse dafür stipuliert werden kann, das sich insbesondere auf die „Folgen“ bezieht.

Ein anderer Begriff, „*Versuchsehe*“ (trial marriage), der vor Jahrzehnten insbesondere in England viel diskutiert worden ist (V.F. Calverton, B. Russell), hat bereits einen höheren Grad an Organisation. Er steht unter der Voraussetzung, daß bei den Schwierigkeiten des Zusammenstimmens menschlicher Charaktere eventuell ein Lernprozeß angesetzt werden muß, nach dessen Scheitern den Betreffenden leichte Scheidungs- und Wiederverheiratungsmöglichkeiten eingeräumt werden müssen. Hierher gehört auch der Begriff der „eheähnlichen Verhältnisse“, denen zur vollen Ehe nur das Merkmal der rechtlichen Sanktionierung fehlt. Ich möchte die Vermutung aussprechen, daß sich momentan diese Verhältnisse in den Mittelklassen beträchtlich vermehrt haben.

Abgesehen von diesen Zwischenformen gibt es aber zahllose andere Formen der Sexualität, die mit Ehe und Familie nichts zu tun haben, so daß man besser tut, sie in einer eigenen Sexualwissenschaft zu behandeln, wie sie seit Havelock Ellis[141] erfolgreich angebahnt worden ist.

§ 70. Sexualität in der Ehe. – Da aber nun die moderne Ehe als Voraussetzung der Gattenfamilie im wesentlichen als „Liebesehe“ definiert worden ist, bei der die Sexualbeziehung einen tragenden (wenn auch nicht den begründenden) Bestandteil darstellt, ist auch die Gestaltung der Sexualverhältnisse in der Ehe Gegenstand der Diskussion geworden. Die Voraussetzung dafür ist die Tatsache, daß sich auch in Ehe und Familie *die Sexualität von der Reproduktionsfunktion getrennt hat*, wie insbesondere bei der „*Geburtenregelung*“ (vergl. unten § 72 ff.) zu Tage tritt. Das wird ferner bestätigt

durch die große Menge kinderloser Ehepaare, die aus freiem Willen (und nicht etwa aus Unfähigkeit) kinderlos bleiben. Dies ist sogar ein neuartiger struktureller Zug der modernen Industriegesellschaften geworden, in denen praktisch die überwältigende Mehrheit der Menschen schließlich heiratet. Das ist ein wesentlicher Unterschied zu früher, wo wegen der zahlreichen Eheverbote sehr viele Menschen unverheiratet bleiben mußten, was entsprechend eine enorme Zahl von Unehelichen zur Folge hatte, da sich der Sexualtrieb selbstverständlich jenseits der Heiratsverbote durchsetzte.

Selbst wenn sich in den modernen Gesellschaften die Quote der Verheirateten fast dem Satz von 100% nähert (USA 1950 bei Männern von 45–54 Jahren 91,5%, bei Frauen desselben Alters 92,2%; für England und Wales 90,2% für Männer und 84,8% für Frauen (1951); für Deutschland 1950 für Männer 93,2%, für Frauen 88,5%)[142], ist anzunehmen, daß auch in Zukunft ein Teil der Bevölkerung unverheiratet bleiben wird. (Die obigen Prozente müssen natürlich um diejenigen vermindert werden, die mehrfach geheiratet haben.) Dieser wird aber, wenn sich nicht umstürzende Änderungen der Bevölkerungssituation einstellen, klein sein. Außerdem läßt sich zeigen, daß keineswegs aus allen Ehepaaren notwendig Familien entstehen müssen. So müssen wir auch die bewußt kinderlosen Ehepaare aus der Betrachtung ausschalten. Sie stellen keine Familien, auch keine Rumpffamilien, sondern *rechtlich legalisierte Sexualverhältnisse* dar, die ihre eigene Form haben und auch unabhängig von der Familie betrachtet werden müssen. Leicht verfügbare Mittel der Geburtenkontrolle, kombiniert mit der sozial-kulturellen Trennung zwischen Sexualität und Reproduktion, werden zweifellos zur Folge haben, daß sich kinderlose Ehepaare in den modernen Gesellschaften beträchtlich vermehren werden.

Darüber hinaus wirkt sich die Konzeption der Liebesehe auch in den familienorientierten Ehen aus, wo sie sogar eine wachsende Bedeutung erhält. Sie unterstreicht und beeinflußt gleichzeitig den Prozeß der Individualisation und die Funktion der Enkulturation der Kinder, wie oben eingehend gezeigt wurde (vergl. §§ 58ff.). Dies tritt insbesondere in dem Augenblick zu Tage, da mit dem modernen „Familienzyklus" (vergl. oben § 49, 50) die „nachelterliche Phase" immer länger wird. Damit wächst auch die Chance des Auseinanderlebens der Partner außerordentlich, was durch die hohen Scheidungszahlen auch nach längerwährender Ehe bestätigt wird (vergl. unten § 89). Die Gestaltung der Liebes- und Sexualverhältnisse in dieser Periode hat in der Tat neue Probleme sichtbar gemacht, was in jüngster Zeit immer wieder Stimmen hat laut werden lassen, die einen erleichterten Partnertausch in dieser Phase fordern. Das rollt natürlich auch schwerwiegende Rechtsprobleme auf.

Eines liegt aber unbestreitbar auf der Hand, daß schon vor der nachelterlichen Phase die Sexualbeziehungen klar von der Reproduktionsfunktion gelöst sind. Gleichzeitig erweist sich, daß die Sexualität sehr viel länger andauert, als man früher aufgrund weitgehend ideologischer Prüderien anzunehmen geneigt war. Das ist einerseits die Ursache vieler Ehekrisen in dieser Zeit (vergl. unten § 89), andererseits muß auch die Möglichkeit einer Nachwirkung der Liebesehe durch die ganze nachelterliche Familienphase angesetzt werden, was noch immer nicht angemessen erkannt worden ist. Selbst wenn also Liebespaar, Sexualpaar, Ehepaar, Elternpaar und Liebespaar in der nachelterlichen Phase voneinander getrennt werden müssen, weil sie alle ihre eigenen Probleme haben, so muß auch die Auswirkung einer neuartigen Konzeption der Sexualität auf alle Glieder dieser Reihe gleichmäßig berücksichtigt werden.

§ 71. Voreheliche Zeugung. – Das Problem der vorehelichen Zeugung von Kindern hat sich unter dem Einfluß der genannten Entwicklungen beträchtlich verändert. Voreheliche Zeugung ist von außerehelicher Zeugung schon darum zu unterscheiden, da bei ersterer meist die Absicht besteht, das „Verhältnis" fortzusetzen. So wurde neuerdings in Belgien eine interessante Differenzierung eingeführt, indem man grundsätzlich zwischen einem allgemeinen vorehelichen Sexualverkehr und einem solchen zwischen „Verlobten" unterschied. Während die Öffentlichkeit nach wie vor gegen den ersteren eingestellt ist, ist man im zweiten Fall nachsichtig.[143]

Die voreheliche Zeugung hat auch nichts mit „Unehelichkeit" im allgemeinen Sinne zu tun, selbst wenn die äußeren Merkmale beider oft gleich zu sein scheinen. Dem widerspricht nur, daß normalerweise die Mutter geheiratet und ein eventuell vorehelich geborenes Kind „legitimiert" wird, womit es zumeist auch statistisch aus dem Stand der Unehelichkeit verschwindet. Wenn man in diesen

Fällen überhaupt von Unehelichkeit sprechen will, so muß man mindestens zwischen einem nur vorübergehenden und einem dauernden Zustand der Unehelichkeit unterscheiden. Bei letzterem sind sowohl die Voraussetzungen als auch die Konsequenzen andere als bei den Fällen der Legitimierung (vergl. unten § 93). Zu diesen gehören auch die Fälle, wo ein anderer als der Vater die Frau heiratet und das Kind anerkennt. Schließlich müssen wir auch die Möglichkeit einräumen, daß eine Frau zwar ein Kind wünscht, aber keinen Mann; auch für diesen Fall benötigt man gesetzliche Handhaben.

Die Einstellungen zur vorehelichen Zeugung sind in den verschiedenen Ländern und auch in den verschiedenen sozialen Klassen nach wie vor sehr verschieden. In einer besonders interessanten vergleichenden Untersuchung zeigt H. T. Christensen, daß in Dänemark voreheliche Schwangerschaft weitgehend toleriert wird, so daß auch keine besondere Eile geboten ist, wenn eine solche Schwangerschaft bemerkt wird. Im Staate Indiana wurde dagegen sofort nach Feststellung der Schwangerschaft geheiratet, während die Mormonen in Utah heirateten, sowie vorehelicher Geschlechtsverkehr aufgenommen wurde, ohne erst auf die Zeichen der Schwangerschaft zu warten.[144] In der Bundesrepublik wird durchschnittlich im vierten Schwangerschaftsmonat geheiratet, bei übrigens sehr hohen vorehelichen Schwangerschaften.[145] In den Niederlanden schienen die vorehelichen Schwangerschaften zu Beginn der sechziger Jahre sehr niedrig zu sein. Wie eine interessante Untersuchung gezeigt hat, gab es aber beträchtliche regionale Differenzen nach Konfession, Beschäftigung (Stadt-Land) und Ausbildungsstand. Die Autoren sind aber der Meinung, daß sich diese Situation sehr schnell ändern wird.[146]

Es liegt nahe, die vorgehenden interkulturellen Vergleiche auch auf intrakulturelle Differenzen im Geschlechtsverhalten in den verschiedenen sozialen Klassen auszudehnen.[147]. Daß hier wirklich etwas ganz Neues vorliegt, das sowohl soziologisch als auch rechtlich nach einer neuartigen Analytik verlangt, wird durch den Umstand bewiesen, daß der überall steigenden Anzahl vorehelicher Schwangerschaften eine kontinuierliche Abnahme der Unehelichkeit gegenübersteht. Beide variieren im umgekehrten Verhältnis zueinander, und ein plötzliches Zunehmen der Unehelichkeit muß schon auf besondere Ursachen akuter sozialer Desorganisation zurückgeführt werden (wie etwa in vielen Ländern während des Krieges und danach im Okkupationsstadium). Im übrigen gilt die Regel, daß viele Uneheliche sehr schnell aus der Statistik verschwinden. In der Bundesrepublik ist das etwa für die Hälfte aller unehelichen Geburten der Fall.

IX. Familienplanung

§ 72. *Einleitung.* – Fragen der Geburtenregelung (birth control) sind schon lange diskutiert worden, als man erkannte, daß die große Armut bestimmter Gruppen der Gesellschaft seit dem 19. Jahrhundert wesentlich mitbedingt war durch übermäßig große Familien. Das wiederholt sich heute in der teilweise enormen Bevölkerungsexplosion der Gesellschaften der Dritten Welt. Unabhängig davon steht die Frage nach der „geplanten Elternschaft" (planned parenthood), wie sie seit Anfang der zwanziger Jahre vor allem von England ausstrahlte und danach eine Weltbewegung wurde, wenigstens in den fortgeschrittenen Industriegesellschaften kapitalistischen Typs.[148] Diese geplante Elternschaft bezog sich in der Tat auf Planung in individuellen Familien. Dagegen hatte Lenin schon früh (1913) bemerkt, daß sozialistische Industriegesellschaften sich um Bevölkerungsvermehrung nicht sorgen müßten, da sie imstande seien, für alle Menschen die notwendige Lebensbasis zu schaffen.[149] Auch brauchte die Sowjetunion Menschen, sowohl nach der Revolution von 1917, nach Bürgerkrieg und Hungersnot, wie nach den enormen Bevölkerungsverlusten im ersten und zweiten Weltkrieg. Frankreich und Schweden versuchten Anfang der dreißiger Jahre, die fallende Geburtenzahl durch eine angemessene Familienpolitik zu reaktivieren, die zeitweilig von Erfolg war. Ähnlich war die nationalsozialistische Geburtenpolitik, die allerdings ausschließlich der politischen Biologie diente und uns hier nicht interessieren soll.

Es besteht sicher ein Zusammenhang zwischen der allgemeinen Bevölkerungsentwicklung, der Kinderzahl und der Familie. Dementsprechend ist es auch verständlich, wenn man etwa in Indien der Bevölkerungsflut durch Geburtenregelung Herr zu werden sucht; trotzdem geht aber das Problem der Bevölkerungsentwicklung weit über das der Familie hinaus. Es kann uns also hier nicht speziell interessieren.

§ 73. Größe und Beständigkeit der Familie. – In der Soziologie der Familie tauchte dies Problem bisher unter dem Titel „Größe und Beständigkeit der Familie" auf. Man ging davon aus, daß eine Familie um so beständiger ist, je größer sie ist. Wir müssen uns fragen, ob und inwieweit diese Annahme zu Recht besteht.

Dieser Zusammenhang kann auf zwei verschiedene Weisen verstanden werden: a) er bedeutet, daß die Familie in der allgemeinen Entwicklung zur Nuklearfamilie immer kleiner und darum hinfälliger geworden sei; b) er bezieht sich auf die empirisch feststellbare variable Größe verschiedener Familienformen heute.

a) In der angeführten Allgemeinheit ist der Satz aus verschiedenen Gründen sicher falsch. Denn auch früher waren keineswegs alle Familien vom erweiterten Typ, es gab vielmehr schon immer in den unteren Klassen Nuklearfamilien ohne Anhang. b) Ferner besteht auch die heutige Gesellschaft keineswegs allein aus isolierten Kernfamilien, wie man noch bis vor kurzem annahm. Vielmehr gibt es noch immer erweiterte Familien, dazu kommt noch als neuer Typ die „modifizierte erweiterte Familie" (modified extended family). (Vergl. unten § 77.)

Außerdem geht es bei der modernen Nuklearfamilie um einen strukturell neuen Typ, bei dem der relativen „Kleinheit" (vergl. oben § 34) eine große *Intensität der Verbundenheit* gegenübersteht (vergl. oben § 36). Diese spielt umgekehrt bei den erweiterten Familien keine besondere Rolle, weil in ihnen kein oder nur geringes Interesse an der Einzelperson besteht, vielmehr nur eine Gruppe von Erwachsenen einer Gruppe von Kindern und Jugendlichen gegenübersteht (Altersklassenordnung, § 48).

Es geht also bei der modernen Nuklearfamilie keineswegs nur um die bloß quantitative Menge der Familienangehörigen, also um das „Volumen", sondern vielmehr um die daraus resultierenden a) Arten und insbesondere b) „Dichte" der Interaktionen. Da der persönliche Faktor im Vordergrund steht, sind die Interaktionen stark differenziert je nachdem Ehemann und Ehefrau, das Ehepaar und die Kinder, das Elternpaar und die Kinder, Vater-Sohn-Tochter oder Mutter-Sohn-Tochter, Bruder-Schwester, Geschwister untereinander, ältere und jüngere Geschwister usf. miteinander interagieren.

Darüberhinaus steht die Dichte der Interaktionen, die sich nach dem „Gesetz der Familieninteraktion“, wie es J.H.S. Bossard genannt hat[150], rein mathematisch sehr verschieden auswirkt, je nachdem wieviel Mitglieder jeweils in einer Familiengruppe vorhanden sind. Diese Auffassung ist nützlicher, weil differenzierter als die alte, die einfach mit der „Größe“ operiert. Bossard gab dafür folgende Formel: $x = \frac{y^2 - y}{2}$, wobei x die Zahl und damit die „Dichte“ der Interaktionen angibt und y die Zahl der Personen. Bei einem Kind ist $x = 3$, bei zwei Kindern $x = 6$, bei drei Kindern $x = 10$, bei vier Kindern $x = 15$ usw. Die Zahl der Interaktionen wächst also schneller als die Zahl der Kinder. So bedeutet Dichte der Familieninteraktionen die Verschränkung und Verflechtung der Beziehungen aufgrund ihrer numerischen Zunahme. Zunahme der Mitglieder bedeutet also in der Tat einen strukturellen Wandel.

Wenn wir das mit den oben erwähnten qualitativen Arten der Interaktionen kombinieren, stoßen wir alsbald auf komplexe Matrizen der Interaktionen. Die Beziehungsmuster sind also bei sich wandelnden Quanten letztlich qualitativ relevant. Dies Thema ist neuerdings unter dem Titel der „Familienkonstellation“ sehr eingehend untersucht worden.[151] Aus der qualitativen Beschaffenheit dieser Konstellationen entwickeln sich dann die Voraussetzungen für die Beständigkeit der Familie, also der Aufbau gemeinsamer Erinnerungen, Gewohnheiten, Einstellungen und Reaktionsweisen, Sprechstile und „Rituale“, die das Verhalten aller Beteiligten strukturieren und damit den beteiligten Personen eine gewisse Sicherheit der Reaktion vermitteln. Davon wird dann letztlich auch die allgemeine Lebensorientierung beeinflußt. All das kann sich aber auch bei relativ wenig Mitgliedern entwickeln. Insgesamt kann man also sagen, daß die bloße Quantität nur ein äußeres Merkmal ist, das einzig wegen der daraus resultierenden qualitativen Änderungen der Interaktionsnetze einen Einfluß auf die Beständigkeit der Familie ausübt.

So wird es auch verständlich, daß sich etwa sehr kinderreiche Familien in schlechten wirtschaftlichen Verhältnissen keineswegs immer im Sinne einer Sicherung der Beständigkeit, sondern häufig genug umgekehrt sehr ungünstig auswirken. Darüber, ob sich in einer kinderreichen Familie positive Möglichkeiten aufbauen, entscheiden nämlich oft äußere Gegebenheiten wie Armut, Arbeitslosigkeit, Krankheit, Invalidität, ehelicher Zwist, Alkoholismus usw., so daß sie in der Tat außerordentlich gefährdet sind, solange ihre wirtschaftliche Grundlage schmal ist. So zeigt sich häufig, daß sich ein relativ hoher Prozentsatz kinderreicher Familien unter Unterstützungsempfängern befindet. Umgekehrt beweisen kinderreiche Familien in der obersten Oberklasse die größte Kontinuität.

Daraus ergibt sich deutlich, wie vorsichtig man sein muß, ausschließlich die Zahl der Familienmitglieder ins Auge zu fassen. Es müssen immer noch die besonderen Lebensumstände berücksichtigt werden, bevor man sagen kann, daß eine große Familie wirklich auch eine hohe Beständigkeit aufweist.

Im übrigen zeigen Untersuchungen aus vielen Ländern der Welt recht gleichmäßig, daß größere Familien, auch ohne in Not zu sein, immer den anderen gegenüber wirtschaftlich belasteter sind, was ein wichtiger Hinweis für die Familienpolitik sein sollte.[152] Einzig in unterentwickelten Bauerngesellschaften bekommen Kinder eine wirtschaftliche Bedeutung als unbezahlte Arbeitskräfte.

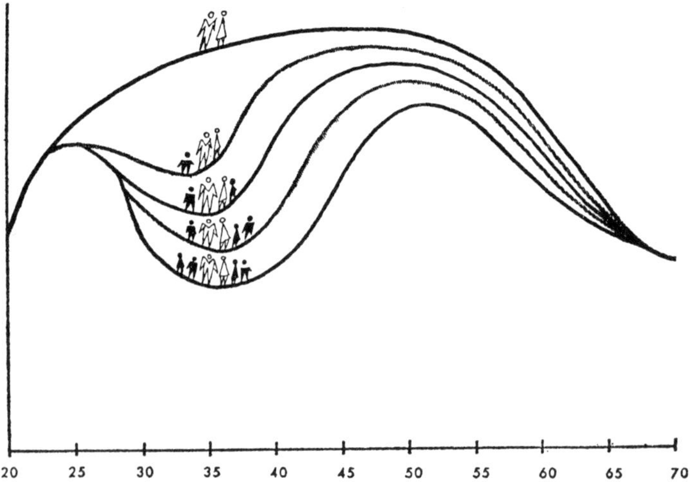

Abb. 9: Familienzyklus und Lebensstandard für Familien verschiedener Größe (kinderlos, mit 1, 2, 3 oder 4 Kindern)

Quelle: Dahlström 29.

§ 74. *Familiengröße und Konfession.* – Es ist schon häufig bemerkt worden, daß die Verteilung der größeren Familien bestimmte Regelmäßigkeiten aufweist. So heißt es, daß in vorwiegend katholischen Ländern oder Landesteilen die Familien größer seien als in protestantischen Ländern oder Landesteilen. Aber Sätze dieser Art sind mit größter Vorsicht zu behandeln. Um der Wahrheit näher zu kommen, muß man auch hier noch andere Merkmale hinzunehmen. Ein entsprechender Satz ist, daß die Familien in vorwiegend bäuerlichen Bezirken größer und fester seien als in der Stadt. Auch von diesem Satz ist zu sagen, daß er nur annähernd richtig ist; denn es gibt berühmte Beispiele der Schrumpfung der Familie in bäuerlichen Gebieten, ganz abgesehen davon, daß sich mit zunehmender Industrialisierung der Landwirtschaft auch die bäuerliche Familie verkleinern wird. Bessere Ergebnisse erhält man schon, wenn man beide Aussagen kombiniert: wo der Gegensatz von Stadt und Land, von gewerblich-industrieller und landwirtschaftlicher Beschäftigung mit dem Gegensatz protestantisch-katholisch zusammenfällt, da zeigt es sich in der Tat, daß die Katholiken in ländlichen Bereichen größere Familien aufweisen als die Protestanten in der Stadt. Andererseits muß aber sofort hinzugefügt werden, daß auch die Protestanten stärkere Familien aufweisen, sowie sie in ländlichen Verhältnissen leben. So scheint also doch der Gegensatz von Stadt und Land wichtiger zu sein für die Größe der Familien als der Gegensatz der Konfessionen. Entscheidend ist wohl hierbei der *Gesamtstil des Lebens,* vor allem die vorwiegende Art der wirtschaftlichen Betätigung, aus der sich dann sekundär die Verteilung der Konfessionen entscheidet. Denn zweifellos scheint bei den Protestanten der städtisch-industrielle Lebensstil vorzuwiegen.[152a]

Allerdings sind diese Verhältnisse keineswegs unbeweglich. Da mit der zunehmenden Mechanisierung der Landwirtschaft dort immer mehr Arbeitskräfte freigesetzt werden, hat schon seit geraumer Zeit die Industrie die Tendenz, sich aufs Land zu verlagern, wo die Grundstückspreise billiger sind und Transportprobleme heute weitgehend nicht mehr bestehen. Aufgrund dessen läßt sich voraussagen, daß sich der Unterschied zwischen städtischen und ländlichen Familien zunehmend verringern wird, wenn auch angenommen werden kann, daß er darum nicht ganz verschwinden wird, da Familien mit Kindern heute eine starke Tendenz aufweisen, mindestens während des Heranwachsens der Kinder am Rande der Städte oder sogar in ausgesprochen ländlichen Regionen zu wohnen.

Im übrigen besteht eine große Gefahr für die ländliche Familie darin, daß sie die Möglichkeiten des Nahrungsspielraums bald überschreitet. Das ist im wesentlichen heute das Problem der Dritten Welt, es trifft auch die größte katholische Bevölkerungsmassierung in der Welt in Lateinamerika und in Nordamerika in der Provinz Quebec in Kanada, wie die katholischen Gebiete wirtschaftlicher Unterentwicklung in Europa: Irland, Spanien, Süditalien und Sizilien. Man kommt aufgrund dieser Erfahrung zu dem Schluß, daß die vermeintliche Stabilität der katholischen Familie nur bei stagnierenden wirtschaftlichen Verhältnissen besteht und sich bei Eintritt des sozialen Wandels sofort in ein schweres wirtschaftliches Handicap verwandelt.[153]

§ 75. Der generative Stil. – Mit all diesen Feststellungen, denen noch andere anzufügen wären, ist es aber nicht getan. Man muß noch nach der Erklärung der Tatsachen fragen, und das führt notwendigerweise zur Vorstellung einer Geburtenkontrolle aufgrund eines bestimmten *generativen Stils*. Man hat diesem Zusammenhang zwischen Typen der Vermehrung, Wirtschaftstypen und kulturellen Vorstellungen auch als „Bevölkerungsweise"[154] bezeichnet. Dabei spielen viele Variablen eine Rolle wie z.B. Heiratsalter, Heiratsfähigkeit, Geburtenfolge, Veränderung der Fruchtbarkeit usf. Immer aber versuchen sich verschiedene Bevölkerungen auf die Dauer mit ihren wirtschaftlichen Möglichkeiten oder dem, was sie davon wahrnehmen, in Übereinstimmung zu bringen. Das geschieht natürlich nicht sofort. Vielmehr sind dafür oft lange Anpassungsperioden notwendig, während derer ganze Bevölkerungen oder Bevölkerungsteile ihre Reproduktion entweder verringern oder auch wieder vergrößern. Das bedeutendste Beispiel für letzteres ist die Bevölkerungsexplosion in den USA seit 1940, nachdem die Folgen der großen Depression vom Ende der zwanziger Jahre überwunden waren. Die neuen wirtschaftlichen Möglichkeiten übertrugen sich bald in eine erstaunliche Erweiterung der durchschnittlichen Familiengröße (vergl. oben § 35 e, Tabelle), was sich entsprechend als Zunahme der Gesamtbevölkerung auswirkte.

Wenn man von Geburtenregelung spricht, denkt man zumeist

nur an restriktive Politik, also an eine bewußte Verkleinerung der Kinderzahl. Dies geschah in der Tat bei großen Teilen der städtischen Mittelschichten seit dem letzten Drittel des 19. Jahrhunderts, die damit auf die Ungewißheiten der Entwicklung des fortgeschrittenen Industriesystems mit seinen immer höher geschraubten Anforderungen an Ausbildung reagierten. Sowie diese Wandlung des Lebensstils nach ein bis zwei Generationen realisiert war, vergrößerte sich – etwa seit den dreißiger Jahren – in vielen Ländern die durchschnittliche Familiengröße, bezeichnenderweise zuerst bei den höheren Wohlstandsschichten, deren Prosperität selbst Ausdruck der erfolgreichen Anpassung an die neuen Wirklichkeiten war.[154a] Später folgten dann die anderen Schichten. Wenn man also bedenkt, daß sich Geburtenkontrolle sowohl auf Einschränkung als auch auf Vermehrung der Kinderzahl bezieht, sollte man den Begriff besser durch den der „Familienplanung" ersetzen, da er auf eine Realisierung von optimalen Größen im Sinne der jeweils möglichen und nötigen Vermehrung oder Verminderung der Bevölkerung ausgerichtet ist.

Dies wurde in dem Augenblick klar, wo man verstand, daß viele der Gruppen, die ihre Kinderzahl einschränkten, sich an und für sich mehr Kinder wünschten, aber angesichts der gegebenen Möglichkeiten bewußt darauf verzichteten. Bei der heutigen Forschung unterscheidet man daher zwischen a) der gewünschten, b) der für „ideal" gehaltenen, c) der zu erwartenden und d) der im Moment schon geborenen Kinderzahl. Es zeigten sich interessante Variationen zwischen diesen vier Dimensionen der Frage je nach den verschiedenen Gesellschaften, Schichten, sozialen Klassen und Berufsgruppen.[155]

§ 76. *Familienplanung und Dritte Welt.* – Von höchster Aktualität sind diese Fragen heute insbesondere angesichts der Bevölkerungsexplosion im Rahmen der Dritten Welt. Wären früher die den Nahrungsspielraum übersteigenden Geburten einfach gestorben, so überleben sie heute aufgrund der gestiegenen medizinisch-hygienischen Möglichkeiten, die sowohl die Säuglings- als auch die Kleinkindersterblichkeit drastisch herabgesetzt haben. Die Radikalität dieser Explosion und die bereits sichtbar werdenden zukünftigen Katastrophen machen politisch Geburtenregelung aufgrund planmäßiger Eingriffe heute zur Notwendigkeit. Natürlich kommt es dabei den Experten zu, darüber zu entscheiden, wie das bewerkstelligt werden soll: durch Aufklärung, Verbreitung antikonzeptueller Mittel, Sterilisierung, Abort in staatlichen Kliniken. Das rollt wiederum Probleme moralischer Natur auf, die in jüngster Zeit nach Entdeckung der konzeptionsverhütenden „Pille" neuerlich an Heftigkeit gewonnen haben. Heute hängt aber das Schicksal ganzer Erdteile (insbesondere Asien und Lateinamerika, weniger – vorläufig – noch Afrika) an einer schnellen und effizienten Lösung dieses Problems.

Wenn man die Geschichte der Menschheit überblickt, wird man leicht sehen, daß es schlechterdings keine Gesellschaft mit ziel- und uferloser Vermehrung gibt. So kann man auch voraussehen, daß die heute explodierenden Gesellschaften mit der Zeit eine beträchtliche Verlangsamung ihrer Vermehrung erfahren werden. Darum muß es sich für eine planmäßige Bevölkerungspolitik heute vor allem darum handeln, durch gezielt eingesetzte Mittel eine katastrophische Entwicklung wenn möglich zu verhindern. Dazu gehört aber neben der sonst überall persönlich geübten Familienplanung eine staatlich geförderte Geburtenregelung, um jenen zu helfen, die sich heute noch nicht selber helfen können. In den entwickelten Gesellschaften gilt die gleiche Notwendigkeit nicht mehr für die ganze Bevölkerung, sondern nur noch für einzelne unterprivilegierte Schichten.

§ 77. Die modifizierte erweiterte Familie (the modified extended family) als Stabilisierungsfaktor der modernen Familie. – Die bisherigen Diskussionen über Beständigkeit oder Lockerung der Familie gingen alle gleichmäßig vom Modell der „isolierten" Nuklearfamilie aus. Die wichtigsten Entdeckungen der neuesten Familiensoziologie gehen auf eine Kritik an diesem Begriff zurück, den sie durch den der „modified extended family" ersetzt haben.[156] Darunter ist im Sinne des bereits vorher (vgl. oben § 36) besprochenen Entscheidungsprozesses über die näheren und ferneren Verwandten, mit denen man engeren Verkehr haben will, an die Auswahl der Verwandten zu denken, die einander in den Schwierigkeiten unterstützen, die in der heutigen Welt auftreten können. Die „Formen des Zusammenlebens" sowie die davon abhängigen „Familienkonstel-

lationen“ (vergl. oben § 48 Ende) müssen hier ebenfalls herangezogen werden.

Hilfeleistung der älteren Generation an die früh heiratende jüngere Generation war ein in den USA schon seit längerer Zeit zu beobachtendes Phänomen. In diesen Fällen bestand zwar Neolokalität der jungen Ehe (vgl. oben § 28), aber keine Isolierung. Im Gegenteil: Ein Elternpaar oder beide unterstützen das junge Paar bis zum Abschluß der beruflichen Ausbildung. Bei veränderten Vorstellungen über ein jüngeres Heiratsalter und gleichzeitig steigenden Anforderungen an die Ausbildung scheint das eine durchaus funktionale Lösung zu sein. Dem entspricht es, wenn man gelegentlich das früher als selbstverständlich akzeptierte Modell der isolierten Nuklearfamilie als gar nicht so nützlich und erfolgverheißend im industriellen Gesellschaftssystem ansieht. Das gibt also den verschiedenen Formen der erweiterten Familie unter neuen Umständen eine neue Chance. Im übrigen scheint sich diese neue Situation vorläufig auf die USA zu beschränken, während die wenigen kontinental-europäischen Forscher, die sich damit beschäftigt haben, eher skeptisch sind. Letzteres gilt insbesondere für Frankreich, wo zweifellos die betonte Intimität der französischen Familie ihre „Isolierung“ verstärkt hat.[157] In der Bundesrepublik sind dagegen sehr verschiedenartige „Formen des Zusammenlebens“ (M. Koschorke) gefunden worden, deren Einfluß auf die Familienrealität noch untersucht werden muß. Auch sind vorläufig noch keine Möglichkeiten sichtbar, diese Familientypen statistisch zu erfassen. Die einzige Ausnahme ist bisher die erwähnte französische Studie, die sich aber vorwiegend mit „Familienallianzen“, also Systemen strategischer Natur, befaßt (M. Segalen). Das Ganze kann auch von der Konjunktur abhängig sein; erst wenn eine neue Prosperität die Möglichkeit dafür geschaffen hat, entfaltet sich die modifizierte erweiterte Familie.

Hingegen ist eine andere Art der Erweiterung des Hilfsbereichs in England studiert worden, wo man feststellte, daß selbst in der Großstadt die jüngeren Familien in relativ engem Kontakt mit den Großeltern lebten, etwa in der unmittelbaren Nachbarschaft.[158] So konnten die Großeltern beim Babysitting und im Haushalt aushelfen. Nachdem durch die zunehmende Entwicklung von Altersrenten die alte Generation relativ gesichert ist, scheint ein alter Stein des

Anstoßes, der früher die Isolierung der Kernfamilie förderte, aus dem Weg geräumt. Die gegenseitige Hilfe macht sich dann bei zahlreichen Gelegenheiten bemerkbar, vor allem natürlich bei Katastrophen aller Art.[159] Aber auch sonst scheint eine starke Intensität der Interaktionen mit Verwandten aufweisbar zu sein, wenn diese auch den Charakter geändert haben. Man verkehrt mit Verwandten nicht, weil man sie „hat", sondern nur wenn man besondere Beziehungen freundschaftlicher Art zu ihnen empfindet. Wir möchten annehmen, daß sich ähnliche Verhältnisse auch in anderen Ländern werden aufweisen lassen, wenn man sich erst einmal von dem Vorurteil der „isolierten" Nuklearfamilie befreit haben wird.

X. Die Ehescheidung

§ 78. *Einleitung.* – Wir haben vorher darauf hingewiesen; daß es aus mehreren Gründen wichtig ist, zwischen Ehe und Familie zu unterscheiden (vergl. oben § 39). Diese Unterscheidung macht sich in mancherlei Hinsicht bemerkbar. Es ist zu erwarten, daß das auch für die Ehescheidung gilt, so daß wir diese Frage hier unter anderen Voraussetzungen nochmals aufrollen müssen.

Wenn wir die Entwicklung von Ehe und Familie über die ganze Menschheit in Vergangenheit und Gegenwart betrachten, dann können wir leicht feststellen, daß es Ehe und Familie zwar immer gegeben hat (vergl. oben § 1), daß aber die Bewertung der Ehe starken Schwankungen ausgesetzt ist (vergl. oben § 45), was man von der Familie nicht sagen kann. Dies tritt insbesondere in der verschiedenen Betonung der Heiratszeremonie hervor. Es gibt Gesellschaften oder Gesellschaftsteile bis heute, in denen die Heirat als solche nur ganz geringe Aufmerksamkeit erhält; in anderen dagegen findet sich ein reiches und ausgearbeitetes Zeremonial. Zwischen beiden Extremen der informellen und der höchst formalisierten Eheschließung gibt es zahlreiche Übergänge. Aber obwohl der Schritt vom Ledigenstadium zum Verheiratetsein ein echter Wandel im sozialen Status und damit ein *rite de passage* ist, wird trotzdem der Heirat als solcher unter bestimmten Bedingungen nur geringe Aufmerksamkeit zuteil, während sich die Gesellschaft immer und überall an den „Folgen" der Eheschließung, insbesondere der Nachkommenschaft, damit also an der Familie interessiert. Eine besondere Rolle spielt hierbei auch der Umstand, daß die Legitimität der Nachkommenschaft gesichert wird. Dies wird besonders klar in der verschiedenwertigen Betonung des Hochzeitszeremonials in verschiedenen Gesellschaften. Selbst heute gibt es Gesellschaften oder Subkulturen, in denen die Heirat als solche eine nur geringe Bedeutung zu haben scheint. So ist jüngstens hervorgehoben worden, daß es selbst entwickelte archaische Hochkulturen ohne Wort für Ehe gibt; das gilt zum Beispiel im klassischen Griechisch, wo nach Aristoteles die Verbindung eines Mannes mit einer Frau keinen Namen hat.[160]

Da nun die Ehescheidung als Ehelösung die spiegelbildliche Entsprechung der Eheschließung ist, kann auch angenommen werden, daß die Verschiedenheiten der *ersteren* durch die Verschiedenheiten der *letzteren* bestimmt werden. Zu dieser scheinbaren Selbstverständlichkeit muß aber sofort festgestellt werden, daß der Aufmerksamkeitswert der Ehe kulturell außerordentlich verschieden ist, wobei die relativ formlosen Formen der Ehe in der Menschheit eine viel geringere Chance haben, wahrgenommen zu werden, als formalisierte, obwohl sie unter Umständen die Mehrheit darstellen mögen. Das trifft um so mehr zu, als ein wesentlicher Teil des Ehezeremonials in Abmachungen über die bei Gelegenheit der Eheschließung getauschten Eigentumsstücke besteht; dort, wo nichts zu tauschen, weil nichts vorhanden ist, wird also die Heiratszeremonie von selber schrumpfen. Sie beschränkt sich dann auf den Beschluß der Partner, zusammenzuleben und die gemeinsam gezeugten Kinder aufzuziehen. Wenn eine solche Ehe geschieden wird, dann kann man auch kein komplexes Verfahren erwarten: der informellen Eheschließung entspricht die informelle Scheidung durch einfaches Auseinandergehen. In diesem Falle ist einzige Voraussetzung der Trennung das Zugeständnis des Zusammenbruchs der Ehe. Der Vorgang als solcher ist aber unauffällig, so daß der Beobachter geneigt ist, ihn zu unterschätzen.

Auf der anderen Seite haben wir die höchst ausgearbeiteten Ehezeremoniale mit eventuellen langen vorausgehenden Werbungsakten und Verhandlungen, religiösen und rechtlichen Bezeugungen, Festen aller Art, die unter Umständen viele Tage dauern mögen (noch heute dauert eine Mittelklassenhochzeit bei islamischen Völkern mindestens drei Tage). Ihr Auffälligkeitscharakter ist zweifellos viel größer als im ersten Falle. Nicht das ist jedoch momentan unser Problem, sondern die umgekehrte Zeremonie der Scheidung. Es ist in der Tat die Meinung geäußert worden, „that marriage ceremonial acted to inhibit separations and divorce“[161], daß sich also das Heiratszeremonial selber als Hinderung der Scheidung auswirkt. Da zumeist die Verhandlungen, die zu diesem Typ von Ehescheidungen führen, zwischen zwei Verwandtengruppen geführt werden, wirken sie nicht nur als Träger einer Vormundschaft (vergl.

oben § 40), sondern gleichzeitig als Abschreckung vor der Scheidung. Es liegt auf der Hand, daß Scheidung umso komplizierter werden muß, als das ursprüngliche Ehezeremonial mehr ausgearbeitet war. Das mag zur Erklärung dafür dienen, daß in der herkömmlichen Beschäftigung mit diesen Problemen *viel mehr Aufmerksamkeit der Scheidung und viel weniger ihrer Voraussetzung, nämlich dem Zusammenbruch der Ehe zugewendet worden ist.*

§ 79. *Scheidungs-„Gründe"*. – Der komplizierteren Ausgestaltung der Scheidung entspricht es auch, wenn „Gründe" für sie gesucht werden. Um den umgekehrten Prozeß zur Eheschließung in Gang zu bringen, benötigt man Argumente, welche die Einsprache der beteiligten Verwandtengruppen neutralisieren. Der Vorwurf des Ehebruchs ist als Scheidungsgrund in der Menschheit weitverbreitet. Es wurde schon darauf hingewiesen, daß in Gesellschaften, wo die Frau als Eigentum des Mannes angesehen wird, Ehebruch als Vergehen gegen das Eigentum des Mannes (also als Diebstahl) angesehen und entsprechend bestraft wird. In extrem patriarchalischen Kulturen wird der Ehebruch der Frau oft mit dem Tode bestraft, während Ehebruch des Mannes üblich und toleriert ist. Nach dem Gesetz des Koran kann der Mann eine gewisse Anzahl von Konkubinen neben den legalen Frauen haben. Besonders überraschend erscheint aber hier, daß etwa Ehebruch als Scheidungsgrund angesehen wird, wo Ehebruch die Regel ist. Wenn der Ehebruch das eine Mal als Scheidungsgrund angerufen, das andere Mal aber toleriert wird, dann heißt das wohl, daß diese Art von Scheidungsgründen „may at times be more in the nature of excuses and justifications than they are the real reason for breaking the marriage".[162] Es kommt dann also gar nicht so sehr auf den Ehebruch an, sondern auf die „Umstände", unter denen dieser erfolgt. Ehebruch wird als Grund vorgeschoben, wenn der Betreffende aus einem anderen Grunde nach Scheidung sucht.[163] Die wahre Ursache ist aber der Zusammenbruch der Ehe. Aus diesem Grund ist auch die Analyse informeller Scheidungen aufschlußreicher als die formalisierter, weil hier der Blick nicht durch die äußeren organisatorischen Umstände getrübt wird. Leider ist das bisher zumeist nur nebenbei und dann vor allem bei primitiven Völkern geschehen, während wir in den Industriekulturen nur sehr wenig Informationen über den Zusammenbruch der Ehe, dafür um so mehr über die vorgegebenen Gründe haben.

Der Hauptgrund für diese spezielle Situation scheint der Umstand zu sein, daß in entwickelteren Gesellschaften mit einem ausgebauten Scheidungsgesetz und mit einem mehr oder weniger institutionalisierten rechtlichen Verfahren die Ehescheidung wesentlich beeinflußt ist durch die größere Betonung der Ehe, die wir schon erwähnt haben (vergl. oben § 45). Die Tatsache, daß die „Gattenfamilie" als ein „Ideal", manchmal sogar als eine „Ideologie" angesehen wird (vergl. oben § 42), wirkt sich in der gleichen Richtung aus. Speziell in christlichen Kulturen wird das Eheband in gewisser Weise unabhängig vom Willen und von den Intentionen der Gatten. Es wird als eine Entität eigener Art angesehen, die ausschließlich mit dem Tod beider Partner endet. Darum ist es nur logisch, daß das Verbot der Wiederverheiratung eine regelmäßige Begleiterscheinung jeder Trennung der Ehepartner wird. Mit anderen Worten: die Partner mögen sich wohl trennen, aber das Eheband besteht weiter. In diesem Falle mag der Zusammenbruch der Ehe wohl bedauerlich sein, aber er ist doch nur von sekundärer Bedeutung.

Ein Teil dieser Ideen hat sicherlich die meisten westlichen Rechtssysteme beeinflußt, insofern als das Recht bis in die jüngste Zeit nach einer „Rechtfertigung" der Scheidung und einer Präzisierung der Gründe ruft, unter denen Scheidung gewährt werden kann, wobei der Unterschied zwischen dem Kirchenrecht und dem weltlichen Recht darin lag, daß das christliche „Ideal" der Untrennbarkeit des Ehebandes mit der Entwicklung der Gesellschaft zunehmend aufgegeben worden ist und liberaleren Konzeptionen Raum gegeben hat. Diese schließen insbesondere die Möglichkeit der Wiederverheiratung ein, wenn auch unter genau spezifizierten Bedingungen, die durch die Rechtsregeln definiert werden. Mit anderen Worten: selbst wenn Scheidung und Wiederverheiratung mehr oder weniger akzeptabel geworden sind, so lebt die allgemeine Vorbetonung der Ehe weiter in dem formalisierten Verfahren der Scheidung. Heute trifft das sogar für die sozialistischen Länder zu.[164]

In nicht christlichen Gesellschaften scheint der Zusammenbruch der Ehe mehr oder weniger mit der Scheidung identisch zu sein und stellt sich als spontane Desertion oder Trennung dar. In diesem Fall benötigt die Scheidung keine oder nur eine geringfügige Rechtfertigung, bestenfalls eine Verhandlung mit der beleidigten Verwandtengruppe oder eine Entschädigung für sie. Das kann sogar durch Akte öffentlicher Bekundung begleitet werden. Im Gegensatz zur Rechtstheorie bleibt für die Soziologie der Zusammenbruch der Ehe eine Realität selbst in den fortgeschrittenen Industriegesellschaften, während die Strenge des kanonischen Rechts im formalistischen Charakter des heutigen säkularen Rechts und in seiner Suche nach spezifizierten Bedingungen weiterlebt. Das ist auch der Grund, warum der Anthropologe geneigt ist, die Scheidung in einfacheren Gesellschaften auf der gleichen Ebene wie die Scheidung in den entwickelten Industriegesellschaften zu sehen, ohne jedoch darum die Wirkung des rechtlichen Scheidungssystems zu unterschätzen. Aber wir müssen uns gleichzeitig dessen bewußt bleiben, daß die Familienbeziehungen und die Beziehungen zwischen den Gatten durch das Gesetz niemals erreicht werden können, es bleibt auch ein wesentlich informeller Aspekt des ehelichen Zerwürfnisses, der durch rechtliche Maßnahmen, so raffiniert sie auch sein mögen, niemals überwunden werden kann. Das wird gelegentlich sogar durch das Recht selber anerkannt, insofern andere Instanzen angerufen werden, um Maßnahmen zur Versöhnung der streitenden Parteien zu ergreifen, z.B. der Friedensrichter oder eigene Schiedsgerichte, bevor ein formelles Scheidungsverfahren eröffnet wird. Andererseits muß sogar der Soziologe die wichtige Funktion des Rechtsverfahrens anerkennen, insbesondere in bezug auf Entscheidungen über die verbleibenden gegenseitigen Rechte und Pflichten der geschiedenen Partner (Alimentation) und die Regelung von Erbe, Pensionsansprüchen usw. für die Kinder. Auch hier möchten wir unterstreichen, daß die Betonung eines rechtlichen Verfahrens mit der wachsenden Bedeutung von Eigentum und Eigentumsansprüchen wächst (vergl. oben § 43).

§ 80. Zusammenbruch der Ehe und die „Eheideologie“. – Der wahre Grund für die Scheidung liegt also in dem Zusammenbruch der Beziehungen und Gefühle, die ursprünglich zum Beschluß eines Zusammenlebens auf Dauer (vergl. oben § 45) geführt haben. So wird etwa von den Bergdama in Südafrika berichtet, daß manches

andere vorhergegangen sein muß, wenn Ehebruch als Scheidungsgrund angegeben wird.[165] Bei den Hopi in Arizona spielt zwar Ehebruch als Scheidungsgrund auch eine Rolle, entscheidend aber sind unverträgliches Temperament, Faulheit, Geiz, die man als Ursachen für den Zusammenbruch der Ehe ansprechen kann.[166] Es gibt auch symbolische Handlungen, die den Zusammenbruch anzeigen: so wenn etwa bei vielen matrilinealen Pueblo-Indianern Nordamerikas die Frau einfach die Sachen des Mannes zur Tür hinauswirft. Bei den Grönländern zieht sich der Mann am Abend zurück und spricht kein Wort; dann kehrt die Frau am nächsten Morgen in aller Stille nach Hause zurück.[167] Ähnlich ist es bei den Papago im südlichen Arizona.[168] Einen interessanten Einblick erhalten wir aus einer Aufstellung über die wirklichen Ursachen der Scheidung bei den Muria in Indien, bei denen es an sich relativ wenige Scheidungen gibt:

	Zahl der Fälle
„She ran away“ (no reason given)	25
„We quarrelled over work“	3
„She did not like me“	1
„She eloped from her parents’ house before coming to me“	2
„She was a bitch“	2
„I was ill and she didn’t like to stay with me“	1
„We didn’t like each other“	2
„Impotence“	2
„I could not satisfy her“	9
„My older wife could not stand it when I married a second“	5
„My elder wife drove out the second“	4
„She was a thief“	1
„She was of a bad character“	1

Tabelle 7: Scheidungsursachen[169]

Angesichts solcher Umstände erscheint Scheidung als die Folge eines „unerträglichen Zustandes“, eben des Zusammenbruchs der ehelichen Zuneigung (affectio maritalis). Wegen des mangelnden Scheidungsverfahrens erscheint Scheidung hier übrigens oft identisch mit „Desertion“, indem einer der Partner meist unter Mitnahme seiner Habseligkeiten einfach weggeht (für Desertion in

Industriegesellschaften vergl. unten § 92). Ganz anders liegen die Verhältnisse bei jenen Kulturen, die ein ausgeprägtes Ehezeremonial kennen (vergl. oben § 45); hier sprechen wir von Vorbetonung der Ehe. Das hat verschiedene Konsequenzen, die man im Auge haben muß, wenn man die Entwicklung der Scheidung in den höheren Kulturen adäquat verstehen will.

a) Die *Zeremonie der Hochzeit* entwickelt sich nach Maßgabe der Menge der bei dieser Gelegenheit vertauschten (oder als Kaufpreis erlegten) *Eigentumsstücke*. Diese Eigentumsansprüche bedeuten *automatisch* eine Erschwerung der Scheidung, weil der Empfänger der Geschenke oder des Preises naturgemäß zögern wird, diese wieder herauszugeben. Die Entfaltung des Eigentums gibt also der Ehe einen mehr permanenten Charakter.

b) Damit geht Hand in Hand in der alten Welt, speziell bei den klassischen patriarchalischen Völkern, daß *das Verhältnis von Mann und Frau (oder Frauen) ebenfalls als Eigentumsverhältnis* angesehen wird.

c) Die typische Scheidungsform ist hier die „*Verstoßung*" der Frau durch den Mann, während es der Frau kaum möglich ist, sich aus diesem Verhältnis zu lösen.

d) Allerdings muß der Mann in diesen Fällen darauf achten, daß er sich nicht mit der Sippe oder dem Clan der Frau überwirft; es wird darum, wenn er Rückzahlung des Brautpreises verlangt, die Frage aufgeworfen, *ob ein Grund zur Verstoßung der Frau vorlag*. Mit anderen Worten: es wird die Schuldfrage aufgerollt.[170] Und die Vormundschaft der Frauensippe wird häufig zu einem unüberwindlichen Hindernis. Gleichzeitig schließt das ein Rechtsverfahren ein, insbesondere aber wirkt sich das ganze als mächtiger Faktor aus, der mehr und mehr das Interesse des Staates in der Verwaltung der ursprünglich recht privaten Angelegenheiten von Liebe, sexueller Anziehung, Werbung, Gefährtenschaft und Familienbeziehungen erweckt.

e) Gleichzeitig treten Momente auf, die sich als „*Bestrafung*" des schuldigen Teils darstellen.[171] Diese muß nicht nur die Frau, sondern kann auch den Mann treffen. In dieser Hinsicht wird sich das Verschuldensprinzip unter Umständen sogar zu Gunsten der Frau auswirken, wenn etwa der Mann sie mißhandelt, sie schlecht versorgt, abwesend, kriminell oder impotent ist.

f) Entsprechend der weiteren Profilierung der Eigentumsordnung durch Ausprägung der politischen Macht, wird in den antiken Kulturen und im Patriarchat die Ehe praktisch unauflösbar. Sie erhält hier auch einen stark sakralen Charakter. So berichtet Rheinstein, daß Krukagina, der Herrscher von Lagash, im Jahre 2470 v. Chr. die Sitte der Ehelösung durch Desertion, um die hohen Kosten eines formellen gerichtlichen Scheidungsverfahrens zu vermeiden, abzuschaffen versuchte.[172] Das bedeutet nicht nur, daß er die Gebühren für eine formelle Scheidung für sich selbst beanspruchte, sondern daß er sich dieses Rechtsmittels bediente, um gegen die freien Ehescheidungen zu kämpfen, wie sie unter den weniger entwickelten Wüstenvölkern Sitte waren.

Wenn die Ehe in patriarchalischen Gesellschaften praktisch unauflösbar ist, wie vorher gesagt wurde, so darf das unter keinen Umständen so verstanden werden, als gäbe es überhaupt keine Scheidung. Im Gegenteil, sowie Bedingungen auftreten, die das Prinzip des Patriarchalismus in Frage stellen, findet sich die Scheidung. So ist die Koexistenz der beiden Praktiken – Unauflösbarkeit und Scheidbarkeit der Ehe – kein Widerspruch. Um das zu verstehen, muß man nur auf die Gründe blicken, warum eine solche religiös eingegangene Ehe aufgelöst werden konnte. Da der erlegte Brautpreis ein Mittel war, um die Legitimität der Nachkommenschaft zu sichern, konnten Scheidungsgründe in jedem Umstand gefunden werden, der diese Absicht bedrohte. Diese waren entsprechend 1. Unkeuschheit der Frau vor oder Ehebruch nach der Eheschließung, weil das eine Bedrohung der Legitimität bedeutete, oder 2. Unfruchtbarkeit der Frau, die die Fortsetzung der Familienlinie in Frage stellte. So hat man gesagt, daß bei mittelöstlichen Kulturen noch heute „barrenness (is) one of the most frequent, if not the most frequent grounds for divorce".[173]

Die Ursache, warum eine religiös eingegangene Ehe schwer zu scheiden ist, ist leicht verständlich zu machen: aufgrund der religiösen Kräfte, die das Eheband sanktionieren, muß ein umgekehrter Ritus vollzogen werden (im römischen Recht die *diffarreatio* im Gegensatz zur *confarreatio*), um dieses Band zu trennen, und das beschwört regelmäßig gefährliche Mächte und wird darum lieber vermieden.

g) Diese Voraussetzungen fand das Christentum vor und versuchte, sie unter anderen kulturellen Voraussetzungen fortzuführen unter grundsätzlicher Betonung der Dauermonogamie und Aufrechterhaltung des Verbots der Wiederverheiratung. Eine Ehe konnte nur annulliert oder getrennt werden *ohne Auflösung des Ehebandes*.[174]

h) Wichtiger aber ist, daß jetzt zum ersten Mal die Ehe als Dauermonogamie nicht mehr nur als überliefertes Faktum hingenommen wird, sondern als ein „Ideal", die Gattenfamilie (vergl. oben § 38), das begrifflich bald nicht mehr nur als „Idealtyp" im Sinne von Max Weber, sondern geradezu als „Ideologie" erscheint (Vergl. oben § 42).

i) Diese Ideologie scheint uns aber verantwortlich für die Fixierung der Diskussion auf die Scheidung und die verschiedenen dabei wirksam werdenden „Prinzipien" inklusive der vermeintlichen Scheidungs*gründe,* statt dem wirklichen Problem, nämlich den Ursachen für den Zusammenbruch der Ehe nachzugehen. Damit wird schließlich das fundamentale Mißverständnis erreicht, daß die Scheidung das eigentliche Problem sei und nicht der Zusammenbruch der Ehe und seine Ursachen.

j) Da aber selbst der strikteste Gesetzgeber die Einsicht haben mußte, daß ein gewisser Grad an Unerträglichkeit der ehelichen Verhältnisse selbst bei Einstellung *gegen* die Scheidung nach einer Lösung rief, mußte eine Rechtspraxis entwickelt werden, die in solchen Fällen anwendbar war. So kam es schließlich zu dem *Konflikt zwischen dem kodifizierten Recht und der Rechtswirklichkeit* (law in the book versus law in action), der auf die Dauer sicher untragbar ist.[175]

k) Dieser Konflikt wurde um so schärfer, als aus der Ideologie der Dauermonogamie allmählich auch *eine Reihe von Vorurteilen* herauswuchs, die die sachliche Erforschung des Problems empfindlich belastete. Außerdem wurde die Diskussion von zahlreichen Wertkonflikten verzerrt. Wir besprechen einige der Vorurteile.

§ 81. Vermeintliche Gefährdung der Ehe durch die Ehescheidung. – Es wird behauptet, daß durch die in den Industrieländern vermeintlich zu beobachtende statistische Vermehrung der Scheidungen die Institution der Ehe als solche gefährdet sei, was einen Schritt in Richtung einer allgemeinen Promiskuität vorbereite. Dies viel

diskutierte Argument wird aber durch den Umstand widerlegt, daß mit der Zunahme der Scheidungen schon seit langem auch die *Wiederverheiratungen Geschiedener zunehmen.*[176] Aufgrund dieser Einsicht bemerkte ein britischer Beobachter der Scheidungswelle in England nach dem Zweiten Weltkrieg: „A tendency is present not to fly from marriage, but to rectify mistakes in a choice of partner, rather than to perpetuate an unhappy marriage."[177] Im gleichen Sinne schrieb das westdeutsche *Statistische Bundesamt,* daß für viele die Ehe nicht als Institution, sondern einzig die eigene Ehe in Frage gestellt wurde.[178] Man versucht, mit anderen Worten, einen gemachten Fehler wiedergutzumachen.

Im übrigen müssen noch einige Fragezeichen an das vermeintliche schnelle Steigen der Scheidungszahlen gemacht werden. Welches ist ihr Aussagewert? Sagen sie, daß sich die zusammengebrochenen Ehen vermehrt haben? Oder nur, daß sich mehr Partner aus längst zusammengebrochenen Ehen zu dem Schritt der Legalisierung einer bestehenden Trennung entschlossen haben? Von hier aus wäre zu fragen, ob überhaupt von einer Vermehrung des sozialen Phänomens einer zusammengebrochenen Ehe oder nur von einer Vermehrung des rechtlichen Phänomens der Scheidungsverfahren gesprochen werden darf. Man darf wahrscheinlich annehmen, daß mit der Komplikation der Lebensverhältnisse in den modernen Wirtschaftssystemen kapitalistischer und sozialistischer Art auch die Ehezusammenbrüche zugenommen haben (vergl. unten § 87). *Sicher ist das aber nicht,* es kann vor allem nicht aus den vorhandenen Statistiken herausgelesen werden, sofern man zwischen Scheidung und Zusammenbruch der Ehe unterscheidet.[179]

Auch die uns zur Verfügung stehenden Zahlen sind mit Skepsis zu betrachten. Wir können dabei differenzieren zwischen *ersten* Scheidungen und *ersten* Wiederverheiratungen Geschiedener; wir können aber in den meisten Ländern nicht unterscheiden zwischen erster Wiederverheiratung, zweiter und folgenden. Einzig in der Sowjetunion könnte eventuell eine solche Untersuchung durchgeführt werden, nachdem 1936 „zwecks Bekämpfung leichtsinnigen Verhaltens zur Familie und den durch die Familie begründeten Pflichten" die Eintragungen der verschiedenen erfolgten Scheidungen in den Paß gefordert wurde.[180] Allerdings bezog sich dies Verfahren nur auf die registrierte Ehe und ließ die nicht registrierte außer Acht. Trotzdem aber könnte man wenigstens bei den registrierten Ehescheidungen feststellen, wieviel dritte, vierte, fünfte und weitere Ehen Geschiedener es gibt, die eventuell die Statistik übermäßig belasten. Es entzieht sich meiner Kenntnis, ob eine solche Untersuchung jemals in der Sowjetunion angestellt worden ist. Wenn wir annehmen, daß es gewissermaßen „Scheidungsspezialisten" gibt, bei denen eine Ehe nach der anderen zusammenbricht, dann bedarf das genauso der empirischen Nachprüfung wie das Gegenteil, nämlich die Behauptung, daß Wiederverheiratung einen stärkeren Selektionsprozeß voraussetze als eine erste Ehe.[181] Letzteres müßte sich in einer größeren Stabilität und geringeren Scheidungshäufigkeiten zweiter Ehen darstellen. Begrenzte Untersuchungen zeigten, daß zweite Ehen nicht immer bessere sind als erste, daß aber mehrfach geschiedene eine fast fünf mal höhere Scheidungshäufigkeit haben als erste Ehen. Das wird über kurz oder lang eine Korrektur der üblichen Scheidungsstatistiken erzwingen.[182]

Ein kontroverser Gegenstand ist die Frage nach dem Zeitpunkt der Wiederverheiratung Geschiedener. Es gibt überraschenderweise ältere europäische Untersuchungen, nach denen ein großer Teil der sich Wiederverheiratenden das bereits ein Jahr nach der Scheidung getan hatte.[183] Goode fand dagegen für die USA eine etwas längere Pause nach der Scheidung, die aber auch nicht sehr groß war.[184] Er fand außerdem, was wichtiger ist, daß in unseren Gesellschaften *die Wiederverheiratung Geschiedener die durchschnittlich strukturell-funktionale Lösung der Frage ist, was nach der Scheidung geschehen soll.*[185] Offensichtlich wird also die Institution der Ehe selbst durch hohe Scheidungszahlen nicht bedroht.

§ 82. Vermeintliche Gefährdung der Familie durch die Scheidung. – Es wird behauptet, daß die wachsenden Scheidungszahlen die Institution der Familie gefährden sollen. Auch das ist angesichts des geschilderten Verhaltens nicht zu halten; denn die Wiederverheiratung erfolgt ja in den meisten Fällen gerade auch in Bezug auf die Familie. Dazu kommt noch ein anderer Umstand, auf den Rheinstein aufmerksam gemacht hat, daß die Scheidungszahlen auch wachsen, wenn faktische Trennungen und irreguläre Verhältnisse getrennter Personen, die zunächst aus irgendwelchen Gründen

keine Scheidung erlangen und darum nicht wiederheiraten können, regularisiert werden.[186] Die hierdurch bedingte Zunahme der Scheidungszahlen bedeutet also keinerlei Zunahme der faktischen Zusammenbrüche. Umgekehrt können auch die ausgewiesenen Scheidungszahlen niedriger sein als die der faktischen Ehezusammenbrüche, selbst in einem Lande mit leichter Scheidung wie etwa dem sozialistischen Ungarn. Bei einer Quartiersuntersuchung in Budapest (1963) stellte sich heraus, daß viele Ehen zerfallen waren, die in der Statistik nicht ausgewiesen wurden, weil der tatsächliche Zusammenbruch in dem erfaßten Zeitraum rechtlich nicht festgestellt worden war. Fast jeder zweite unter den Einwohnern des untersuchten Bezirks lebte in einem „inkongruenten" Familienstand; es waren also Menschen, deren tatsächlicher Familienstand ihrem rechtlichen nicht entsprach.[187]

Heute verfügen wir zudem über größere Möglichkeiten vergleichender Forschung als früher. Das zeigt uns unter anderem, daß sich die höchsten überhaupt bekannten Scheidungszahlen ausgerechnet in Ländern finden, *in denen ältere Familienformen noch ganz besonders stark sind,* wie etwa im 19. Jahrhundert in Japan, heute in Ägypten und Algerien. Für Japan ergeben sich die höchsten einigermaßen verbürgten Scheidungszahlen noch im neunzehnten Jahrhundert, als das Familiensystem weitgehend völlig intakt war, wie aus folgender Tabelle 8 hervorgeht.

Jahr	Scheidungen	Jahr	Scheidungen
1887	320	1910	131
1890	335	1920	100
1897	340	1930	98
1898	210	1940	76
1900	184	1950	100
1905	173	1960 (ergänzt)	97
		1965 „	79

Tabelle 8: Zahl der Scheidungen auf 1000 Ehen (1887–1950) in Japan

Quelle: Goode, Revolution 359.

Es muß bemerkt werden, daß die Zahlen ursprünglich wahrscheinlich höher waren. Im übrigen verläuft hier der Trend umgekehrt wie in den früher entwickelten Gesellschaften, indem die Scheidungszahlen mit steigender Industrialisierung heruntergehen.[188] Der erste Bruch kam 1898, als das neue Zivilgesetzbuch in Kraft trat; während vorher kein Zwang zur Registrierung der Ehen ausgeübt wurde, wurde dies jetzt strenger gehandhabt; es wurden jedoch die Scheidungen nicht-registrierter Ehen nicht aufgenommen. So ist also der Wandel nur scheinbar, er betrifft einzig die Art der Registrierung. Entscheidend ist, daß die Scheidungszahlen wesentlich höher waren als die höchsten jemals in den USA und der UdSSR erreichten Werte, und das in einem Lande, wo der alte Familientyp praktisch noch intakt war. Rheinstein hebt hervor, daß im heutigen Japan der übliche Zwiespalt zwischen dem kodifizierten Recht und der Rechtswirklichkeit nicht existiert, was vielleicht auch damit zusammenhängt, daß weder der Begriff der Ehe noch der Scheidung durch christliche Ideologien vorbelastet ist.[189] Obwohl das heutige japanische Scheidungsrecht (von 1947) als Normalform die einverständliche Scheidung ansetzt, sind die Zahlen sehr niedrig, wie folgende vergleichende Tabelle 9 zeigt:

	Japan		USA	Deutsches Reich	BRD
	Zahl	Rate		Raten	
1912	59.143	1,17	1.0	0.25	
1926	50.119	0.83	1.6	0.54	
1938	44.656	0.63	1.9	0.72	
1940	48.556	0.68	2.0	0.75	
1947	79.551	1.02	4.4 (1946)		1.68
1955	75.267	0.84	2.3		0.92
1959	72.455	0.78	2.1		0.89
1961	69.323	0.74	2.2		0.88
1965	77.195	0.79	2,5		1.00
1967	83.242	0.83	2.6		1.05

Tabelle 9: Scheidungsrate in Japan, den USA und Deutschland. Ausgewählte Jahre zwischen 1912–1967

Quelle: Rheinstein 119.

Der Grund für diese Umkehr der Verhältnisse ist offensichtlich im Überleben des alten Patriarchalismus zu suchen, für den die

Scheidung ein einseitiger Willkürakt des Mannes war. Das neuerdings zu beobachtende Sinken der Scheidungszahlen in islamischen Ländern hängt ebenfalls zusammen mit der Auflösung des alten patriarchalischen Prinzips der Verstoßung und Ersetzung durch ein gesetzlich geregeltes Verfahren. Unter dem Gesetz des Koran war der Wiederverheiratung einer geschiedenen Frau keine Grenze gesetzt, so daß trotz der enormen Scheidungszahlen die meisten geschiedenen Frauen wieder versorgt waren. Als Konsequenz der Forderungen der arabischen Frauenverbände wurden im Laufe der Modernisierung nach und nach gerichtliche Scheidungsverfahren eingeführt, was ein allgemeines Sinken der Zahlen zur Folge hatte. Jüngstens (1971) hat auch Afghanistan ein neues Scheidungsrecht im Parlament diskutiert (Erika Knabe 1976).

Land	Zahl der Scheidungen auf 1.000 Eheschließungen	
Iran	121 (1950)	97 (1957)
Jordanien	169 (1951)	104 (1957)
Libanon	75 (1944/45)	53 (1957)
Syrien	156 (1944)	80 (1957)

Tabelle 10: Scheidungsraten in ausgewählten arabischen Ländern.

Quelle: Goode, Revolution 159.

Bezeichnenderweise hat das halb christliche Libanon von Anfang an die niedrigsten Scheidungszahlen. Es zeigt sich in allen diesen Fällen, denen andere anzuschließen wären, daß sich offensichtlich eine hohe Familienstabilität mit einer hohen Scheidungshäufigkeit vereinigen läßt.

§ 83. Gesellschaften ohne Institution der Scheidung. – Ein weiteres Vorurteil liegt darin, daß a) in Ländern ohne Ehescheidung die Familienstabilität besonders groß sei und daß b) sich ein strenges Scheidungsrecht als Stabilisator auswirke.

a) Es gibt noch immer *einige Länder ohne Institution der Scheidung* (Andorra, Argentinien, Brasilien, Chile, Columbien, Irland, Liechtenstein, Malta, Spanien, Portugal vorwiegend für kirchlich geschlossene Ehen).[190] Äußerlich gesehen mag es scheinen, daß sie teilweise ältere (und auch stabilere) Familienformen repräsentieren. Als kürzlich (1. Dezember 1970) in Italien nach einem ersten gescheiterten Versuch nach dem Kriege ein übrigens in der Öffentlichkeit immer noch angefochtenes Scheidungsrecht eingeführt wurde, war reichlich Gelegenheit, die sozialen Folgen einer mangelnden Institution der Scheidung zu besprechen. Wir verweisen zurück (Anm. 187) auf die Untersuchung von Budapest, also in einem Lande mit relativ leichter Scheidung, wo trotzdem etwa die Hälfte aller Menschen in einem städtischen Bezirk in einem *tatsächlichen* Familienstand lebte, der dem *rechtlichen* nicht entsprach. Rheinstein hat jüngstens die italienische Situation beleuchtet und alle Möglichkeiten erörtert, wie man die mangelnde Scheidung umgehen konnte.[171] Dabei kam wieder einmal zu Tage, *daß das Nichtvorhandensein einer rechtlichen Scheidungsmöglichkeit, die auch Wiederverheiratung zuläßt, überhaupt nichts über die bestehende Stabilität der Familie aussagt.* Formlose oder formelle Trennung (Separation) ist dann die Lösung, die in Italien enorme Menschenmengen gesucht haben.[192] Die „italienische Scheidung" (also die informelle Trennung) erfaßte nach realistischen Schätzungen ca. 1 160 000 getrennte Paare, also 2 300 000 Personen; dazu kommen noch die „weißen Witwen", d.h. die hinterlassenen Frauen von Emigranten, die anderswo neue Familien gegründet haben.[193] Wenn wir jetzt bedenken, daß von diesen Ehetrennungen a) auch Kinder mitbetroffen werden, b) die getrennten Paare in neue, illegale Verbindungen eintreten *(fuorilegge del matrimonio)*, wo auch Kinder kommen, dann lebten mindestens 5 000 000 Menschen in Italien in unregelmäßigen Verhältnissen, was ein unhaltbarer Zustand ist. Denn jetzt wird ein unvollkommenes Recht zur Ursache zahlloser (völlig überflüssiger) Unregelmäßigkeiten, die in vielen Fällen zu Lasten von Frauen und Kindern gehen. Das wird um so schlimmer, als man über die tatsächlichen Verhältnisse nur sehr ungenau orientiert ist. Heute erst ist mit dem neuen Gesetz eine Möglichkeit gegeben, diese Verhältnisse zu regularisieren. Man muß aber jetzt schon davor warnen, die eventuell folgende Scheidungswelle als Ausdruck der Familiendesorganisation zu deuten (nach neuesten Pressemeldungen wurden von 1971–1973 insgesamt nur 60 000 Ehen geschieden); sie wird im Gegenteil zum größten Teil zunächst der Legalisierung irregulärer Verhältnisse dienen. Eine weitere Folge solcher Verhältnisse ist, daß sich der Mangel der Institution der Scheidung oft als eigentliches Ehehindernis erweist, so daß in Ländern ohne Scheidung der Prozentsatz der unverheiratet bleibenden Männer und Frauen größer ist als in anderen Ländern. Das gilt typisch etwa für Irland. Wo der Ausweg illegitimer Verhältnisse verwehrt ist, wie etwa in Sizilien und Sardinien, gilt das Gleiche.

b) Ein ebenso wichtiges Vorurteil ist, daß die Scheidung den Zusammenbruch von Ehe und Familie[194] erzeugt. Es ist immer wieder behauptet worden, bis zu den jüngsten Diskussionen in Westdeutschland, daß eine Erleichterung der Scheidung, insbesondere durch Einführung der einverständlichen Scheidung, Ehe und Familie erschüttern würde. Dazu bemerkt Rheinstein[195]: „The law can preclude divorce, but it cannot prevent factual marriage breakdown." Umgekehrt hat sich auch die eventuell strafrechtliche Bedrohung illegaler Verhältnisse als „Konkubinate" völlig wirkungslos erwiesen.[196]

Im übrigen entstehen Rechtsprobleme typischerweise erst, *wenn Eigentumsfragen auftreten*, wie wir schon früher bei Besprechung der Entwicklung der Ehe gesehen haben (vergl. oben § 45, 80 a, b, d). Bei nichts-besitzenden Klassen wird daher die Tendenz zur informellen Eheschließung größer sein, entsprechend die zur informellen Scheidung. Es ist bezeichnend für den alten Zustand z.B. in Italien, daß bei den irregulär Zusammenlebenden keinerlei eigentumsrechtliche Beziehungen bestanden; sie waren in dieser Hinsicht einander völlig fremd.[197] Mit der Eigentumsfrage hängt auch die „Legitimität" zusammen; schon bei der Kaufehe ist ja Gegenstand des Kaufs nicht die Frau, sondern die Legitimität der Nachkommenschaft (vergl. oben Anm. 104). Wir werden später bei Besprechung der Illegitimität (vergl. unten § 93) zu zeigen haben, wie sehr noch immer Überlebsel des alten patriarchalischen Rechts im heutigen Recht der Illegitimität weiterwirken. Wo es keine Abstammungslinien (lineages) und immer weniger Eigentum gibt, bekommen natürlich die Probleme des Namens und des Erbes allmählich eine nur sekundäre Bedeutung. Wichtiger als das, wenn auch weniger erforscht, ist die Vererbung erworbener Rechtsansprüche auf Pensionen und ähnliches bei Illegitimität.

Da Scheidung nur als *Folge* des Zusammenbruchs einer Ehe anzusehen ist, kann sie nicht dessen *Ursache* sein. Die Ursachen liegen tiefer, was auch dadurch belegt wird, daß bei Verbot von Scheidung und Wiederheirat die Menschen immer wieder Wege gefunden haben, wie sie Trennungen durchführen und neue familienähnliche Verhältnisse aufbauen können. Das wird auch durch folgende Umstände bewiesen: a) in Ländern mit besonders leichter einverständlicher Scheidung wie etwa Schweden und Japan sind die Scheidungsraten niedrig[198]; b) in Ländern, wo man durch Erschwerung der Scheidung die Raten niedrig halten wollte, sind sie trotz allem gestiegen, wie etwa in Deutschland mit der Einführung des BGB vom 1. Januar 1900.[199] Für die Vereinigten Staaten läßt sich das gleiche beweisen.[200] Das logische Ende dieser Überlegungen ist somit folgendes: Da das Scheidungsrecht – falls überhaupt – offensichtlich einen nur sehr geringen Einfluß hat, müssen wir fragen, welches sonst die Ursachen für den Zusammenbruch der Ehe und ihre Vermehrung sein können (vergl. unten § 86). Die Scheidung selber tritt damit mehr oder weniger in den Hintergrund.

§ 84. Das vermeintliche Problem der Scheidungswaisen. – Dies eben genannte Prinzip muß auch auf das Problem der „Scheidungswaisen" angewendet werden, das regelmäßig von den Befürwortern einer Erschwerung der Scheidung angeführt wird. Es gibt in Wahrheit keine Scheidungswaisen, sondern nur Waisen als Folge von Trennung oder Verlassen, wenn von Eheauflösung die Rede ist. „That deprivation is the effect of the decree of the divorce court by which the factual breakdown of the marriage may or may not be followed. If we are interested in family stability, the trends in its development, and the ways by which it might be protected or promoted, we must, therefore, look at the cases of actual marriage breakdown rather than at decrees of divorce[201]." Das ist aber nur ein Teil der Geschichte.

Auch statistisch ist die genannte Situation alles andere als eindeutig. Sowohl anthropologische als auch soziologische Evidenz zeigt deutlich, daß a) schon in primitiven Gesellschaften ein entscheidendes Gegenmotiv zur Scheidung das Vorhandensein von Kindern ist[202]; b) das gleiche gilt für entwickelte Gesellschaften, wo die Scheidungsraten am höchsten sind, wenn entweder keine Kinder vorhanden sind oder die Ehe noch so jung ist, daß keine vorhanden sein können (vergl. unten § 89). Es steht fest, daß überwiegend junge Paare geschieden werden, mit bestenfalls nur einem Kind; es steht aber ebenso fest, daß sich gerade die jüngsten Geschiedenen fast ausnahmslos in kurzer Zeit wieder verheiraten. Umgekehrt findet sich ein anderer Höhepunkt der Scheidungen nach 15–25jähriger Ehedauer, so daß die Kinder zumeist bereits im Heranwachsen sind, falls sie nicht gar das Haus schon verlassen haben. Hier darf man wohl höchstens in formaler Hinsicht von Verwaisung sprechen. Wenn man diese Fragen richtig beurteilen will, muß man also immer fragen, *in welcher Phase des Familienzyklus die Scheidung erfolgt* (vergl. oben § 49, 50).

Rheinsteins These, daß nicht die Scheidung, sondern der Zusammenbruch der Ehe die Kinder belastet, wird durch die Erfahrung belegt, daß Kinder in schlechten Ehen schweren Schaden zu nehmen pflegen; umgekehrt kann sich dann der rechtliche Akt der Scheidung geradezu als eine *Besserung* ihrer Lage erweisen, wie eine neuere Untersuchung in der Schweiz andeutet[203]. Unter allen Umständen geht der Zusammenbruch der Ehe der Scheidung voraus. Wir werden also immer mehr auf die Frage nach den Gründen für den Zusammenbruch der Ehe verwiesen.

§ 85. Scheidung vermeintlich ein modernes Phänomen. – Das verbreitetste Vorurteil ist aber zweifellos, daß die Scheidung in der Geschichte der menschlichen Gesellschaft a) selten und b) als Massenerscheinung insbesondere auf die modernen Industriegesellschaften beschränkt sei. Beide Sätze sind falsch.

a) Es hat wohl kaum jemals in Vergangenheit und Gegenwart eine Gesellschaft ohne Scheidung gegeben oder ohne funktionelles Äquivalent dafür. Es wurde an dem Beispiel Italien gezeigt, daß es solche Äquivalente selbst da gibt, wo es keine rechtliche Handhabe dafür gibt (vergl. oben § 83 a). Ebenso wurde früher hervorgehoben (vergl. oben § 47), daß die sukzessive Polygamie die verbreitetste Eheform sei; diese entsteht aber nicht nur als Wiederverheiratung Verwitweter, sondern auch als Wiederverheiratung Geschiedener. Es ist allerdings auch richtig zu bemerken, *daß in manchen Gesellschaften Scheidung häufig, in anderen dagegen selten ist*[204]. So wurde schon bemerkt (vergl. oben § 80f), daß bei den extrem patriarchalischen Völkern der Antike die Scheidung fast unmöglich war; sie bestand dort vor allem als „Verstoßung". Auch bei den alten Chinesen und Hindu war sie selten. Das Christentum hat die Theorie der Unlösbarkeit der Ehe von den patriarchalischen Kulturen übernommen. Aber selbst in christlichen Kulturen dauerte es lange, bis sich das Scheidungsverbot wie die Monogamie durchsetzte (bis ca. 1000), und dann gab es nach wie vor zahlreiche Auswege wie etwa Annullierung oder insbesondere informelle Trennungen. Jene, die davon Gebrauch machten, hatten um so mehr Chancen zur Wiederverheiratung, als ein durchaus ungenügendes Personenstandswesen es kaum erlaubte, die Identität einer Person genau festzustellen. Wenn Rheinstein das noch immer als Argument für die Vereinigten Staaten des 20. Jahrhunderts angibt[205], dann kann man sich leicht vorstellen, wie es in Gesellschaften ohne Personenstandsregister gewesen sein muß. Bigamie muß außerordentlich verbreitet gewesen sein, ohne eigentlich nachgewiesen werden zu können. Einen weiteren Hinweis für das Bestehen zahlreicher illegaler Verhältnisse bieten die enormen Unehelichenzahlen; wir finden heute noch eine Parallele dafür in vielen Gesellschaften der Dritten Welt (vergl. unten § 93), wo illegitime Geburten die legitimen gelegentlich weit überschreiten wie z.B. in Lateinamerika. Wenn allgemein gilt, daß das Vorhandensein von Kindern einer Trennung im Wege steht, so muß auch zugestanden werden, daß, wo die Verwandtschaftsgruppen stark sind, Unterhalt von Kindern aus getrennten Ehen kein Problem darstellt.

Ein anderes Vorurteil sagt, daß die Bevölkerung im Mittelalter in Dörfern und kleinen Gemeinden lebte, wo jeder jeden kannte und darum in stabilen Familienverhältnissen lebte. Für einen Teil der Bevölkerung traf das sicher zu, aber für den anderen war es sehr anders: die hochmobilen Flüchtlinge aus feudaler Sklaverei stellten entweder ein städtisches Proletariat dar oder eine Bevölkerung, die von Dorf zu Dorf wanderte und mit ihrer enormen Unstabilität auch in zahllosen irregulären Geschlechtsverhältnissen lebte mit der Folge höchster Unehelichenzahlen, die den Verhältnissen in manchen Ländern des heutigen Lateinamerika ähneln.

Ich bin mir natürlich darüber klar, daß Scheidungen primitiver Völker und solche moderner Amerikaner oder Europäer verschieden sind. Wenn man jedoch das Gewicht auf den Zusammenbruch der Ehe und nicht so sehr auf den legalen Aspekt der Frage legt, werden sie trotzdem vergleichbar. Die Verschiedenheit liegt dann viel mehr *im Vergleich verschiedener Arten von Scheidung in einem Lande,* z.B. die von weißen und die von schwarzen Amerikanern. Hier kann man in der Tat sagen, daß die Scheidung von weißen Amerikanern nicht nur Auflösung einer zusammengebrochenen Ehe, sondern gleichzeitig die Vorbereitung einer anderen (hoffentlich besseren) legalen Ehe bedeutet. Dagegen limitiert der amerikanische Neger sein Interesse auf den Entschluß, mit einer unerträglichen Ehe Schluß zu machen durch einfache Trennung oder Desertion. In anderen Worten, der Unterschied liegt in der Verschiedenheit der sozialen Klassen, da die meisten amerikanischen Neger der untersten Unterklasse angehören, wo legale Ehe genau so selten ist wie eine legale Scheidung.

b) Die Scheidung oder Äquivalente dafür waren nicht nur überall vorhanden, sondern sie waren auch unter Umständen ausgesprochene Massenerscheinungen. Das gilt für primitive wie für Hochkulturen[206].

So zeigten ältere und neuere Darstellungen für Afrika, daß rund 60% der primitiven Afrikaner höhere Scheidungszahlen als die USA haben[207]. Goode geht von der gleichen Vermutung aus[208]. In manchen Fällen erwiesen sich acht von zehn Personen als geschieden. Stephens findet in seinem Material viele Gesellschaften, in denen Scheidungen sehr häufig sind[209]. Er gibt sogar Zahlenangaben dafür: bei den Leuten von Alor sind die Hälfte der Männer und ein Drittel der Frauen geschieden[210]; bei den Reindeer Chukchee[211] und den Hopi[212] sind jeweils ein Drittel der Frauen geschieden. Bei wieder anderen sind Scheidungen häufig, solange keine Kinder da sind. Bei den Kupfer-Eskimo kann eine Frau im Laufe eines Jahres zwei- bis dreimal verheiratet und wieder geschieden sein; wenn Kinder da sind, ist Scheidung dagegen selten[213]. Es ist zu bemerken, daß sich auch hier wie in den Industriegesellschaften Scheidungen in frühen Ehejahren besonders häufen.

Auch im alten Israel zu Zeiten Christi wie im kaiserlichen Rom waren Scheidungen eine Massenerscheinung. Im letzteren Falle wurde dies durch Verbreitung der *usus*-Ehe bestimmt, welche die alte religiös eingegangene Ehe abgelöst hatte und deren Scheidungsrecht schließlich auch auf die religiös eingegangene Ehe übertragen wurde. So wurde einverständliche Scheidung zu einer Massenerscheinung.

Allerdings darf man diese Feststellung nicht zu der Aussage verallgemeinern, als gebe man selbst im Zustande extremster Säkularisierung der Frage der Scheidung überhaupt keine Bedeutung. Die Scheidung oder ein Äquivalent für sie ist zwar fast überall und zu jeder Zeit möglich, sie wird aber ebenso sicher in den meisten Fällen auch nicht besonders gefördert, weil sie zweifellos Probleme schafft[214]. Das erklärt auch das große Interesse der Rechtstheorie, des Familienrechts, der Soziologie und der Sozialpsychologie für die Scheidung.

§ 86. Über einige Gründe für den Zusammenbruch der Ehe. – Das wahre Problem ist also gar nicht so sehr die Scheidung als vielmehr das Phänomen des *Zusammenbruchs von Ehen*. Hier wiederum konzentriert sich die Aufmerksamkeit auf die Frage nach den *Ursachen* für diesen Zusammenbruch. Das ist übrigens auch mit dem Begriff der Ehe selber gesetzt, von der wir gesehen hatten, daß sie eine Verbindung von Mann und Frau sei „undertaken with some idea of duration" (vergl. oben § 44). Wenn dem so ist, dann müssen schon besondere Umstände eintreten, welche die Beteiligten die ursprünglich intendierte Dauer der Verbindung aufzugeben veranlassen.

Wenn es nun richtig ist, daß uns die legale Scheidung zurückverweist auf den Zusammenbruch der Ehe als das eigentliche Problem, so mag auch dieser Zusammenbruch seine Entstehung haben, lange bevor er manifest in Erscheinung tritt[215]. Goode hebt mit Recht hervor, daß das vielleicht nicht immer der Fall sein muß, aber es führt doch zur Unterscheidung zwischen „apparent problems" und „deeper problems", sofern man sich nur davor hütet, das ganze ausschließlich als einen Konflikt zwischen verschiedenen Persönlichkeiten zu sehen[216]. Ein weiterer wichtiger Punkt ist die Einsicht, daß es sich beim Zusammenbruch nicht um ein einmaliges Ereignis, sondern um einen ziemlich lang hingezogenen „Prozeß" handelt[217], im Laufe dessen eigene „Strategien" ausgebildet werden, insbesondere von Seiten des Mannes, um den anderen Teil dazu zu bewegen, die Scheidung zu verlangen[218]. Eine neuere polnische Studie macht es klar, daß das Rechtsverfahren also nicht die Sache selbst sein kann, sondern nur ihr Ende; die Ursachen für die eheliche Zerrüttung müssen viel früher gesucht werden. „Ursachen" und „Symptome" sind nicht das gleiche. So kann auch ehewidriges Verhalten, z.B. Ehebruch, bereits die Konsequenz einer zeitlich vorher erfolgten Zerrüttung sein[219]. Oder häufig ist der gleiche Umstand (wie Grausamkeit, Desertion, Konkubinat) ein Faktor, der gleichzeitig das Zerwürfnis verstärkt und dafür symptomatisch ist. Alle diese Einsichten passen genau zusammen mit Rheinsteins Unterscheidung zwischen Scheidung und Zusammenbruch der Ehe; man darf also sehr wohl von einer sich zunehmend integrierenden Theorie sprechen.

Es ist natürlich ausgeschlossen, hier auch nur in Ansätzen die vielen Untersuchungen über Ehekrisen zusammenzufassen, die von Eheberatern, Sozialpsychologen, Soziologen und Psychiatern angestellt worden sind. Trotzdem läßt sich aber das Problem anhand der Definition der Ehe strukturieren. Dann kann man sagen, *daß alle Faktoren, die bei der Selektion eines Ehepartners eine Rolle gespielt haben, auch bei dem Zusammenbruch der Ehe berücksichtigt werden müssen* (vergl. oben §§ 63–67). Wenn wir voraussetzen, daß selbst bei der modernen Familie die elterlichen Familien und Verwandtenkreise noch immer eine gewisse Rolle spielen, so wird mangelnde Loyalität der Eheleute zu den gegenseitigen Schwiegerfamilien, umgekehrt eine allzu große Einmischung der Eltern in die Ehen ihrer Kinder zu einer Ursache für einen Zusammenbruch der Ehe. Hierbei treten auch interessante kulturelle Differenzen auf, indem etwa in Japan die Schwiegermutter der Frau, in den Vereinigten Staaten die Schwiegermutter des Mannes die schwerste Belastung der Ehe darstellt. Psychologische Fixationen an die Mutter beim Mann wirken sich in Europa als Störungsfaktor aus, seltener Fixationen der Frau an ihr Vaterbild.

Wenn „Gleichheiten" in Bezug auf Rasse, Nationalität, Geburtsort, Konfession, räumliche Nähe, berufliche Interessen und soziale Klasse, Wertausrichtungen und sonstige Gewohnheiten die Ehepartner zusammenbringen, können sich alle diese Faktorenkomplexe bei längerem (oder auch kürzerem) Zusammenleben als Illusion erweisen und damit zu Ursachen eines ehelichen Zusammenbruchs werden. Die große Schwierigkeit der Diagnose liegt dann in der Frage beschlossen, in welchem Moment und bei welchem Maße an Abweichung die kritische Phase beginnt, die im Zusammenbruch und in der Trennung mit Scheidungsentschluß endet.

Allerdings müssen wir auch zugestehen, daß trotz aller Untersuchungen noch immer wenig Sicheres über diese Faktoren bekannt ist, noch weniger über eine eventuelle Rangordnung ihrer negativen (resp. positiven) Wirksamkeit, vor allem überhaupt nichts darüber, ob die genannten Faktoren die entscheidenden sind und nicht ganz andere. Nur eines kann mit Sicherheit gesagt werden, daß die in dem auf den Zusammenbruch folgenden rechtlichen Scheidungsverfahren angegebenen „Gründe" nur in einer verschwindenden Minorität der Fälle wirklich eine Rolle gespielt haben. So haben wir selber schon vor langer Zeit den fast totalen Mangel an Aussagewert der Gerichtsstatistiken bezüglich der Scheidungsgründe betont[220].

Ein letzter Punkt muß noch hervorgehoben werden, der in der Gegenwartssituation zweifellos die Situation der Ehe beeinflußt hat, das ist *die veränderte Stellung der Frau in den fortgeschrittenen Industriegesellschaften* (vergl. oben § 14). Hierbei ist es insbesondere die Erwerbstätigkeit der Frau, die dieser mit einer größeren Sicherheit zweifellos auch eine leichtere Entscheidung in Sachen einer Trennung vermittelt hat. Allerdings kann man darum nicht sagen, daß Erwerbstätigkeit der Frau an sich eine Ursache für den Zusammenbruch der Ehe ist; sie wird nur indirekt dazu, indem sie vielleicht eine größere Sensitivität gegenüber krisenzeugenden Faktoren zur Folge hat.

§ 87. Die statistische Entwicklung. – Angesichts der dargestellten Umstände werden auch die verfügbaren statistischen Daten immer fragwürdiger. Wenn man die Statistiken der einzelnen Länder, die die Scheidung kennen, in großen Zügen betrachtet, so kann man sagen, daß die Scheidungszahlen sowohl absolut wie relativ (etwa zur Zahl der eingegangenen Ehen oder zur Zahl der Bevölkerung) kontinuierlich zugenommen haben. Wie aber haben wir das zu interpretieren? Bedeutet die Zunahme der gerichtlichen Scheidungen, daß auch die Ehezusammenbrüche zugenommen haben? Ist also eine hohe Scheidungsrate Ausdruck einer Lockerung der Ehe? Oder bedeutet sie vielmehr nicht nur, daß heute mehr Menschen als früher *zugeben,* daß ihre Ehe gescheitert ist, *weil sie z.B. kein soziales Stigma mehr zu befürchten haben,* wenn sie dies Scheitern legalisieren? Aber eine Auskunft über die tatsächliche Verbreitung der Ehe-

zerrüttung geben sie uns nicht[221]. Wir können Vermutungen darüber anstellen, daß mit der Entwicklung des Industriesystems auch die Ehezusammenbrüche zugenommen haben, aber genau wissen wir das nicht. Das wirkt geradezu erheiternd, wenn wir bedenken, daß noch vor relativ kurzer Zeit (1955) achtzehn Experten, die von William F. Ogburn und Meyer F. Nimkoff über die sozialen Hauptprobleme der Gegenwart befragt worden waren, sich nur in einem Punkte einig waren, daß die Zunahme der Scheidungen eines der wichtigsten Probleme für die moderne amerikanische Familie sei[222].

Es kann auch keine Rede davon sein, daß Erleichterung des Scheidungsrechts ein sprunghaftes Ansteigen der Scheidungszahlen zur Folge haben müsse (vergl. oben § 83b). Sicher gibt es immer im Moment der Einführung einer Erleichterung eine erste Welle von Scheidungen, die aber bald zurückzugehen pflegt. Während der parlamentarischen Debatten zur Einführung der Ehescheidung in Italien waren enorme Scheidungszahlen vorausgesagt worden; dies hat sich drei Jahre nach Inkraftsetzung des neuen Gesetzes nicht bewahrheitet.

Insgesamt kann man sagen, daß erst eine differenziertere Betrachtung des statistischen Scheidungstrends, und zwar auf vergleichender Basis, die feineren Schwankungen der Scheidungen zu interpretieren erlaubt. So gingen z.B. in den USA die Scheidungen während der Weltwirtschaftskrise von 1929 zurück, mit steigender Konjunktur holte man sie dann nach[223]. Es lag nahe, kurzzuschließen, daß die Konjunktur die Ursache für die steigende Scheidungshäufigkeit sei. Das war aber falsch. Im übrigen scheint hier wirklich kein Zusammenhang zu bestehen, wie der Umstand beweist, daß bei gleich hoher Konjunktur die Raten in einem Land hoch, im anderen niedrig sind. Man vergleiche dazu folgende Tabelle 11.

Anders ist hingegen die wohlbekannte Tatsache zu deuten, daß während der Kriege die Zahlen erst fielen, um dann danach enorm anzusteigen. Dieser Anstieg ist allerdings keine Dauererscheinung geblieben, sondern nur eine Folge der Tatsache, daß sich die allgemeine Krise, die im Krieg zum Ausbruch kommt, auch in der Ehe bemerkbar machen muß. In Westdeutschland gab es z.B. nach dem Zweiten Weltkrieg ein enormes Ansteigen der Scheidungen. Trotzdem hat das aber zunächst den Trend nicht geändert, so daß man

	1950	1955	1960	1962	1963	1964	1965	1966
Österreich	1.52	1.16	1.13	1.12	*1.14*	1.16	1.16	1.19
Belgien	0.59	0.50		*0.51*	0.56	0.58	0.59	
Kanada	0.39	0.39	0.39	0.36	*0.41*	0.45	0.46	0.46
Dänemark	1.61	1.53	1.46	1.38	1.38	1.37	1.37	1.36
Finnland	0.91	0.85	0.82	0.89	*0.93*	0.97	0.99	1.05
Frankreich	0.85	0.67	0.66	0.65	0.63	*0.69*	0.71	0.71
DDR	2.7		1.40	1.36	1.33	*1.51*	1.56	1.72
BRD	1.69	0.92	0.88	0.82	*0.92*	0.99	0.93[225]	0.98
Japan	1.01		0.97	0.74	0.75	0.73	0.79	0.80
Niederlande	0.64	0.51	0.49	0.48	0.49	0.51	0.50	0.50
Norwegen	0.71	0.59	*0.66*	0.67	0.67	0.69	0.69	
Polen	0.44	0.49	0.50	0.59	0.64	0.67	0.75	
Schweden	1.14	1.21	1.20	1.17	1.12	*1.20*	1.24	1.32
Schweiz	0.90	0.89	0.87	0.83	0.82	0.83	0.83	
England	0.69	0.59	0.51	0.61	*0.67*	0.72		0.73
UdSSR	...	...	1.3	1.3	*1.5*	1.6	1.6	
USA	2.6	2.30	2.18	*2.22*	2.27	2.35	2.4	2.4

Tabelle 11: Scheidungen pro 1000 der Bevölkerung

Quellen: United Nations, Demographic Yearbook 1967, Tab. 26; Statistisches Handbuch für die Republik Österreich 1968, Tab. 3.01; Canada Year book 1968, Tab. 30; Statistical Yearbook of Finland 1968, Tab. 39; Statistisches Jahrbuch der Deutschen Demokratischen Republik 1969, Tab. 9; Statistisches Jahrbuch für die Bundesrepublik Deutschland 1969, Tab. 11, 14, und International 4; Japan Statistical Yearbook 1968, Tab. 15; Jaarcijfers voor Nederland, 1965–66, Tab. 42; Statistical Abstract of Sweden, 1969, Tab. 40; United Kingdom, annual abstract of statistics, Tab. 82.

Anmerkung: Die Zahlen in Kursivschrift geben das Jahr an, in dem die Scheidungen zuzunehmen begannen.

schon 1954 wieder da angekommen war, wo man 1939 gestanden hatte[224] (Tabelle 12). Kriegsbedingte Abwesenheit ist ebenfalls ein Krisenfaktor[226] wie auch langwährende Arbeitslosigkeit[227].

Es bleibt davon grundsätzlich, daß man kurzfristig krisenhafte Erscheinungen nicht mit langfristigen Entwicklungen verwechseln darf. Allerdings darf das auch nicht zu der Meinung veranlassen, als werde die Entwicklung an dem einmal erreichten Punkt stehen bleiben. So zeigen z.B. die Zahlen für Westdeutschland seit 1963 wieder eine steigende Tendenz, was zweifellos mit den sozialen

1914	26	
1939	89	
1948	187	
1950	158	
1952	105	
1954	90	
1963	92	ergänzt
1965	93	ergänzt
1966	98	ergänzt

Tabelle 12: Scheidungen auf 100.000 Einwohner (Westdeutschland)
Quelle: Baumert

Wandelerscheinungen seit dem Ende der Ära Adenauer zusammenhängt. Das gleiche gilt für andere Länder, wie aus der Tabelle 11 hervorgeht, was wohl dem allgemeinen sozialen Wandel der fortgeschrittenen Industriegesellschaften zuzuschreiben ist. Dieser soziale Wandel betrifft sowohl die marktwirtschaftlichen wie die sozialstaatlichen Systeme, die entsprechend beide steigende Scheidungsraten aufweisen. Um die genannten Zahlen zu deuten, müßten noch andere Variablen beachtet werden, wie z.B. das sinkende Heiratsalter, das regelmäßig die Scheidungszahlen erhöht, da Jungehen eine höhere Scheidungshäufigkeit haben als in späterem Alter geschlossene Ehen. Das trifft auch für die USA und die UdSSR zu.

§ 88. Scheidungshäufigkeit und Konfession. – Man hat früher für die Verteilung der Scheidungshäufigkeit bei den verschiedenen sozialen Gruppen gern die Konfession verantwortlich gemacht, indem Katholiken geringere, Protestanten höhere Scheidungszahlen aufweisen. Das trifft natürlich extrem zu für solche vorwiegend katholischen Länder, in denen Ehescheidung überhaupt unzulässig ist. Aber wir wissen schon, daß dieser Umstand nichts aussagt; denn die Unmöglichkeit der Scheidung mit nachfolgender Wiederverheiratung schließt Ehezusammenbrüche nicht aus. Vielfach sind das übrigens Länder, in denen die Familie aufgrund einer relativ zurückgebliebenen wirtschaftlichen Entwicklung (Süditalien, Sizilien, Sardinien, Spanien, Portugal, Irland usw.) noch sehr fest ist. Andererseits gibt es (oder gab es bis vor kurzem) auch nicht-katholische Länder oder Landesteile wie etwa den Staat North Carolina in den USA, in denen Scheidung unmöglich war. Gerade in diesem Falle aber erweist sich, daß es nicht angeht, aus der Gesetzgebung allein

auf die Situation zu schließen, ist doch die Möglichkeit, sich in einem anderen Staate der USA scheiden zu lassen, niemandem verwehrt (selbst ohne eine Reise nach Reno im Staate Nevada zu unternehmen). Ähnlich gilt auch, daß oftmals die höhere Zahl der Scheidungen in den Städten dadurch bedingt ist, daß viele Ehepaare in die Stadt ziehen, um sich dort scheiden zu lassen, weil sie in kleinen Gemeinden dem Gerede und Urteil ihrer Umwelt ausgesetzt sind und sich dem entziehen wollen.

Unangesehen dieser speziellen Fragen muß gesagt werden, daß wohl die vorwiegende Art der wirtschaftlichen Betätigung und der dadurch bedingte Lebensstil die Scheidungshäufigkeit bestimmen. Dazu gehört vor allem die Erwerbstätigkeit der Frau (vergl. oben § 86, 14), die in manchen sozialistischen Ländern wie der UdSSR und DDR zweifellos die hohen Scheidungszahlen mitbedingt. Im Sommer 1972 ging eine Nachricht durch die internationale Presse, nach der in der DDR 102 weibliche Erwerbstätige auf 100 Männer kamen. Das erklärt zweifellos die höheren Scheidungszahlen in Ostdeutschland im Vergleich mit der Bundesrepublik.

Allerdings spielt in dem allgemeinen Lebensstil auch die Konfession eine Rolle. So zeigte sich bei einer großen Untersuchung in Detroit, daß dort die Katholiken nicht nur negativer zum modernen Arbeitssystem und zur Scheidung eingestellt waren, sondern auch eine größere Loyalität zum weiteren Familienkreis, insgesamt weniger Scheidungen und eine Abneigung gegen Wiederverheiratung hatten[228]. Es muß aber hinzugefügt werden, daß auch bei Katholiken die Scheidungshäufigkeit steigt, wobei sogar gewisse krisenhafte Erscheinungen hervortreten, nachdem die katholischen Bevölkerungsteile später begonnen haben, von den Scheidungsmöglichkeiten Gebrauch zu machen, als das Industriesystem bereits fortgeschrittener war. So entwickeln sich ihre Scheidungszahlen in religiös gemischten Gesellschaften im 20. Jahrhundert teilweise recht sprunghaft[229].

Der Bedeutung des wirtschaftlichen Faktors entspricht es auch, wenn die Zahl der ausgewiesenen Scheidungen in der Stadt größer ist als auf dem Lande, wobei man allerdings den statistischen Wanderungsgewinn abrechnen muß. Aber mit dem Vordringen des modernen Wirtschaftssystems auf das Land und unter dem Einfluß der Massenkommunikationsmittel (Fernsehen) ändern sich die Verhältnisse auch auf dem Lande. Am stärksten ist die Differenz, wenn sich der Unterschied zwischen Stadt und Land mit dem der Konfessionen deckt, wie z.B. mehrheitlich in der Schweiz. Dann haben Katholiken in den ländlichen Gebieten die niedrigsten, Protestanten in industriell-städtischen Gebieten die höchsten Scheidungszahlen. Daß aber daneben doch die Art der wirtschaftlichen Betätigung eine Wirkung hat, wird durch die Tatsache bewiesen, daß auch die Protestanten auf dem Lande eine geringere Scheidungshäufigkeit aufweisen als die Protestanten in der Stadt, während sich der Einfluß der Konfessionen darin bemerkbar macht, daß auch die Protestanten auf dem Lande eine unter allen Umständen gegenüber den Katholiken erhöhte Scheidungshäufigkeit haben. Im übrigen muß hier an den Satz erinnert werden (vergl. oben § 73), daß die Protestanten allgemein eine größere Affinität zum städtisch-industriellen Leben haben als die Katholiken.

§ 89. Ehedauer und Scheidungshäufigkeit. – Interessante Perspektiven ergeben sich, wenn wir die geschiedenen Ehen nach der Ehedauer betrachten. Hier zeigt sich dreierlei: a) die höchsten Scheidungszahlen finden sich in den ersten vierundzwanzig Monaten von Paaren, die sehr jung geheiratet haben; b) bei solchen, die später heiraten, sind die Scheidungszahlen weniger hoch, aber immer noch am höchsten in ungefähr den ersten 5 Ehejahren; c) andererseits sind aber auch die Scheidungszahlen selbst nach 15, 20 und 25jähriger Ehe noch immer sehr hoch. Die Erklärung der beiden ersten Fälle ist leicht zu geben: in den ersten Jahren vollzieht sich der schwierigste Teil des Anpassungsprozesses zwischen den Partnern. Für den dritten Typ verweisen wir zur Erklärung auf das Modell des Familienzyklus (vergl. oben § 49, 50), das uns zeigt, daß jede Ehe eine kritische Periode durchmacht, wenn die Kinder das elterliche Haus zu verlassen beginnen. Viele zurückgestellte Zerwürfnisse gelangen erst in diesem Augenblick zur freien Entfaltung, so daß es verständlich wird, daß selbst lange Ehedauer nicht vor einem Zusammenbruch der Ehe schützt.

Einen Sonderfall stellen die extrem hohen Scheidungszahlen bei sehr jungen Paaren in den USA dar. Dies Phänomen ist schon viel diskutiert worden. Wir möchten noch einen Punkt hervorheben, der im Vergleich mit Europa hervortritt. Während man in den meisten europäischen Ländern keine Abneigung gegen voreheliche sexuelle Beziehungen hat, ist die durchschnittliche Einstellung in den USA strenger. Es ist daher nicht von der Hand zu weisen, daß viele dieser Jungehen nicht nur eine Flucht in die Sekurität, sondern eher ein Vorwand sind, um volle sexuelle Beziehungen aufzunehmen, etwa in Form einer „Versuchsehe" (trial marriage), die man dann nach kurzer Zeit wieder auflöst. Das wird auch durch den Umstand bestätigt, daß sich in solchen Ehen die Geburt eines Kindes nicht als „Kitt", sondern im Gegenteil als Schock auswirkt[230], der unter Umständen sofort nach der Geburt zur Scheidung führt. Ein weiterer wichtiger Punkt in diesem Zusammenhang liegt darin, daß heute die Scheidung durchschnittlich nach kürzerer Ehedauer erfolgt; das hat wiederum nichts mit Stabilität oder Unstabilität, sondern mit dem Umstand zu tun, daß bei der allgemein veränderten Einstellung zur Scheidung der Entschluß schneller gefaßt wird, wenn die Ehe zerrüttet ist[231].

§ 90. Wer klagt auf Scheidung? – Eine andere interessante Fragestellung bezieht sich darauf, welcher Teil in der Majorität der Fälle den Antrag auf Scheidung stellt, der Mann oder die Frau. Das Problem ist darum bedeutsam, weil es uns eventuell Einblick verschafft in die Verteilung der Belastungen, denen Mann und Frau in der Ehe ausgesetzt sind. Es könnte auch sein, daß heute die Frau bei einer Scheidung weniger an sozialer Sicherung verliert als der Mann. Deutlich ist nämlich die Überlegenheit der Frauen als antragstellende Partei zu erkennen; diese Überlegenheit hält sich über die Jahrzehnte recht konstant. In Ländern, wo entweder der Mann oder die Frau als antragstellende Partei auftreten können, stellt letztere durchschnittlich zwei Drittel aller Fälle, in denen Scheidung verlangt wird.

Aber diese Verhältnisse sind auch mit einer gewissen Vorsicht aufzunehmen. Denn es mag oft sein, daß der Mann die Frau den Antrag auf Scheidung stellen läßt, um ihr die mit der Scheidung verbundene leichte Diffamierung (noch immer) zu ersparen[232]. Dennoch erklärt das aber keineswegs die Höhe des Unterschieds. Goode nimmt eine interessante vermittelnde Stellung ein: ursprünglich ist es vielleicht der Mann, der häufiger die Lösung der Ehe wünscht; dann aber gehört es zur Scheidungsstrategie des Mannes, die Frau in eine Lage zu bringen, in der sie den Antrag stellt[234]. Da es sich aber um einen „Prozeß" handelt, muß auch die sich wandelnde Einstellung der Partner im Laufe dieses Prozesses untersucht werden. Auch müssen in allen Fällen a) das existierende Rechtssystem und b) die herrschende Sitte untersucht werden, von denen starke Wirkungen auf die Scheidungsstrategie ausgehen können. Hier besteht noch ein großes Bedürfnis für Vertiefung der Forschung.

§ 91. Positive Funktionen der Scheidung. – Wenn wir von der Differenzierung zwischen Zusammenbruch der Ehe und legaler Scheidung ausgehen, *dann erscheint letztere von vornherein in einem neutraleren Lichte.* Krisenhaft ist der Zusammenbruch der Ehe, die legale Scheidung ist dagegen bereits eine Anpassung an den neuen Zustand. Von hier aus gesehen hat sie also zweifellos eine *positive Funktion,* indem sie den Auseinandersetzungen ein Ende setzt. So betont auch Goode mit Recht, daß das Scheidungstrauma, falls es ein solches überhaupt gibt, mit dem ehelichen Konflikt und nicht sosehr mit dem legalen Scheidungsakt zusammenhängt[233]. Gewiß ist das Scheidungsverfahren ein „öffentlicher" Akt, aber das „Publikum" ist hoch abstrakt (das „Gericht"), während in der Ehekrise auch die Auseinandersetzung mit den gegenseitigen Familien und Freunden läuft, was die Beteiligten sehr persönlich trifft.

Selbst wenn die Scheidungsstrategie des Mannes es oft der Frau überläßt, den Antrag zu stellen, obwohl eigentlich er die Scheidung begehrt, scheint uns eine Funktion der Scheidung wesentlich *Frauenschutz* zu sein. Da heute die Frau durch ihre bessere Erziehung und intensivere Erwerbstätigkeit selbständiger ist, bedeutet eine Existenz ohne Mann (selbst mit Kind) nicht annähernd die gleiche Belastung wie früher. Allerdings darf dieser Satz nicht verallgemeinert werden; denn eine Scheidung in höherem Alter ohne entsprechende wirtschaftliche Sicherstellung muß sich zweifellos zum Nachteil der Frau auswirken. So wurde auch oft vorgeschlagen, die Scheidung nach zwanzigjähriger Ehedauer entweder zu erschweren oder überhaupt unmöglich zu machen. Aber auch das ist nicht unbestritten. So werden Ehepaare oft die Scheidung bis zu dem Moment verschieben, wo die Kinder den Haushalt verlassen haben. Es wäre nun durchaus unbillig, wollte man solchen Menschen die Scheidung verunmöglichen, nachdem sie das Äußerste an gegenseitigen Opfern im Interesse der Kinder gebracht haben.

Ferner ist vorgeschlagen worden, die Scheidung zu erschweren, wenn Kinder vorhanden sind. Das scheint auf den ersten Blick einleuchtend. Und dennoch steht dem die sehr bedeutsame Erfahrung entgegen, daß Kinder aus unglücklichen oder zusammengebrochenen Ehen im Grunde genau so Schaden nehmen wie gelegentlich Kinder aus geschiedenen Ehen. Überhaupt ist das Problem auch hier die zusammengebrochene Ehe als negatives Erziehungsfeld und nicht die Scheidung als solche (vergl. oben § 84). Es gibt nämlich durchaus Fälle, in denen die Scheidung mit Rücksicht auf die Kinder geboten ist, und es zeigt sich auch, daß Scheidungskinder später teilweise sehr gut ins Gleichgewicht kommen (insbesondere wenn sie im Moment der Scheidung sehr jung sind), nachdem erst einmal die unangenehme Übergangsperiode der ehelichen (oder elterlichen) Auseinandersetzungen überstanden ist[234]. Hier wäre eventuell zu überlegen, ob nicht eine besondere rechtliche Regelung für diese Übergangsperiode entwickelt werden sollte, wie auch das „Besuchsrecht" problematisch ist, wenn die Scheidung ihr Ziel erreichen soll – die möglichst vollständige Separierung der Lebenssphären der vormaligen Gatten[235]. Hier scheint aber die Wirklichkeit selber diese Periode stark zu verkürzen; es hat sich gezeigt, daß die Besuchshäufigkeit schnell abnimmt, sowie die Wiederverheiratungstendenz im Steigen ist.[236]

Es bleibt aber, daß noch viele Umstände zu berücksichtigen wären, die nur sehr unvollkommen bekannt sind. So schwanken auch die Meinungen der Experten noch immer beträchtlich. Übrigens ist auch die Scheidung keineswegs die einzige Form der Ehe- und Familienauflösung.

§ 92. *Trennung, Verlassen (Desertion) und andere Formen der unvollständigen Familie.* – Neben der Scheidung gibt es an Auflösungsformen von Ehe und Familie a) die einverständliche Trennung, b) die legale Trennung, c) das Verlassen (Desertion). Alle diese Erscheinungen zeichnen sich dadurch aus, daß sie eine „unvollständige Familie" hinterlassen, wobei diese je nachdem mehr oder weniger belastet sein kann. Über diese erste Form ist nur wenig bekannt, weil sie sich wegen ihres informellen Charakters der Beobachtung entzieht. Sie wird zumeist durch neue, ebenfalls informelle Verbindungen abgelöst, die Familie bleibt also nicht unvollständig. Die zweite schließt Wiederverheiratung aus und wird wohl ihrem Charakter nach nur selten vervollständigt. Die problematischste Form ist die dritte, wo meist der Vater die Familie verläßt, und zwar insbesondere wegen ihres provisorischen Charakters. Der Familiendeserteur geht nur selten ein für alle Mal, sondern er verschwindet zunächst für kürzere Zeit, kehrt ein- oder mehrmals zurück, bis er sich definitiv absetzt. Diese oft als „Scheidung des armen Mannes" bezeichnete Form der Trennung bleibt meist für unbestimmte Zeit unter der Drohung der Wiedervervollständigung der Familie, wenn etwa ein desertierter Vater, der Alkoholiker, drogensüchtig oder arbeitslos ist (wie oft bei der armen Negerbevölkerung der USA), nach gewisser Zeit zurückkehrt und die gerade reorganisierte Familie empfindlich stört[237].

In Europa herrscht eine Meinung vor, als sei dies Phänomen „typisch" amerikanisch und aus der vermeintlich höheren Mobilität der Amerikaner erklärbar. Ich möchte vor einer so kurzsichtigen Deutung warnen. Man merkt z.B. auf, wenn man erfährt, daß etwa in Frankreich bei Desertion des Mannes und nachfolgender Vermißtenanzeige seitens der Frau die Polizei die Adresse des aufgefundenen Ehemannes seiner verlassenen Frau nicht angeben darf, wenn er es ablehnt. Wieviele Ehen mögen im letzten Weltkrieg auseinandergegangen sein? Wieviel Übertritte von Männern aus Ostdeutschland nach Westdeutschland waren in Wahrheit billige Ehedesertionen?

Eine andere Form der Unvollständigkeit der Familie finden wir, wenn ein Partner stirbt (Verwitwung). Der häufigste Fall ist die vaterlose Familie. Das hat gelegentlich den Vergleich mit der geschiedenen Familie herausgefordert, der aber nicht stichhaltig ist. Wenn man zwischen Zusammenbruch der Ehe und Scheidung unterscheidet, dann zeigt sich der Unterschied darin, daß zwar in beiden Fällen das Paar getrennt ist, im einen Fall aber der Trennung eine schwere Krise der Ehepartner vorausgegangen ist. Darum können Verwitwung und Scheidung nicht verglichen werden[238]. Im übrigen war schon Emile Durkheim aufgefallen, daß etwa Selbstmordhäufigkeit als Symptom einer Krise bei Verwitwung zwar etwas steigt, aber wenig, während sie die höchsten Werte bei Scheidung erreicht.[239] Auch auf diesem Gebiet ist noch viel Forschung nötig, um die auftretenden verschiedenen Situationen in ihrer Eigenart bewerten zu können. Insbesondere ist hier die verschiedene Reaktion von Männern und Frauen zu beachten, indem bei geschiedenen Männern die Selbstmordzahlen allerhöchste Werte erreichen, während sie bei Frauen heruntergehen. Man hat das in dem Sinne gedeutet, daß die Ehe für Frauen eine geringere Stabilisierung bringt als für Männer.

§ 93. *Illegitimität.* – Eine letzte Form der Unvollständigkeit ist jüngstens wieder diskutiert worden, die Illegitimität. In der Dritten Welt sind ihre Zahlen noch enorm, oft höher als die der legitimen Geburten; im übrigen gilt das auch gelegentlich für ihre europäischen Ursprungsländer wie etwa Portugal[240].

Land		Illegitime Geburten auf alle Lebendgeburten
Brasilien	(1952)	15
Mexico	(1956)	22,5
Argentinien	(1957)	28
Peru	(1955)	43
Paraguay	(1955)	48
Guatemala	(1956)	70
Venezuela	(1955)	57
Jamaica	(1954)	72
Panama	(1956)	71

Tabelle 13: Unehelichenzahlen in ausgewählten lateinamerikanischen Ländern
Quelle: Goode, Disorganization 476.

Im übrigen bleiben in den meisten Kulturen der Dritten Welt die Illegitimen nicht in diesem Status, sondern werden irgendwelchen Gruppen zugerechnet[241]. Ähnlich war es im alten Europa, wo sich aufgrund zahlloser Eheverbote viele Klassen nur illegitim fortpflanzen konnten. Wir sind aber nicht genau orientiert über die genauen Zahlen der *überlebenden* illegitimen Geburten, weil viele ausgesetzt wurden und der Kindersterblichkeit zum Opfer fielen. Trotzdem blieb die Zahl der Standeslosen („Unehrliche") hoch.

Neuerdings ist diskutiert worden, ob in den Industriegesellschaften die Zahlen der Illegitimen wieder steigen. Mit Ausnahme besonderer Umstände wie etwa Krieg und Nachkrieg möchten wir diese Meinung nicht verallgemeinern, selbst wenn sie im Falle der Vereinigten Staaten für die Negerbevölkerung zutrifft[242]. Das ist sowohl Ergebnis der desolaten Lage der Negerbevölkerung wie der neueren Sozialpolitik, die Unterstützungen für Mütter unehelicher Kinder vorsieht, was unter Umständen sogar dazu verleiten kann, legitime Geburten als illegitim zu deklarieren. Im übrigen ist die Chance eines unehelichen weißen Kindes, adoptiert zu werden, 166 mal größer als für ein farbiges Kind[243].

Überall in der Welt sind Bestrebungen am Werk, die Lage der Illegitimen zu bessern. So wichtig die Regelung der Eigentumsfragen gegenüber dem Vater ist, so zweifeln wir daran, ob die Übertragung des Vaternamens Sinn hat. In der Zeit der erweiterten patriarchalischen Familien waren die lineages identisch mit dem Namen; Illegitimität hatte also wirklich ein Gewicht. Wo es keine lineages mehr gibt, ist das Bestehen auf dem Vaternamen jedoch sinnlos geworden, insbesondere auch darum, weil dies Verfahren dem Kind einen Namen gibt, der von dem der Mutter verschieden ist. Daraus aber pflegt die Diskriminierung ihre Nahrung zu schöpfen. So sollte man bei Sicherung der Eigentums- und Erbansprüche den Illegitimen den Mutternamen lassen; sie fallen damit am wenigsten auf. Das ist die Grenze der Patrinominalität (vergl. oben § 21).

Die Schwierigkeiten, denen illegitime Kinder ausgesetzt sind, resultieren einmal aus der defizienten Sozialisierung wegen Mangels des Vaters, dann aber aus der Mißbilligung der Umwelt. So entsteht hier häufig eine *Atmosphäre der Verheimlichung*, die sich auf die Charakterausbildung ungünstig auswirken muß[245]. Allerdings kann auch gesagt werden, daß bei Rückläufigkeit des Vorurteils gegen die Illegitimität die alleinstehenden Mütter vielfach bewiesen haben, daß sie durchaus imstande waren, auch die Vaterrolle zu übernehmen.

XI. Nachwort: Soziologie und Anthropologie

§ 94. Der anthropologische Vergleich. – Die vorgehende Darstellung ist im strengen Sinne eine *vergleichende* Studie, die ihre Analogien grundsätzlich in *planetarischer Dimension* sieht. Sie tut das übrigens nicht mit der stillschweigenden oder offenen Unterstellung, als gebe es von den behandelten Institutionen gewissermaßen ein „Urmodell", das man durch Vergleich herausdestillieren könnte; vielmehr bleibt die unendliche sozial-strukturelle, kulturelle und historische Vielfalt der Erscheinungen dadurch unangetastet, sie werden auch durch die vergleichende Betrachtung nicht aufgehoben. Im übrigen wäre es ein Leichtes aufzuzeigen, wie die genannten Perspektiven überall durch den anthropologischen Vergleich hindurchscheinen; man bedenke nur etwa die Erklärung verschiedener Eheformen durch das Vordringlichwerden von Eigentumsfragen und Machtfaktoren oder die Alternativen zwischen Kernfamilien und erweiterten Familien verschiedener Art einerseits und Eigentumsverhältnissen, sozialen Klassensystemen und Machtordnungen verschiedener Art andererseits.

Damit ist gleichzeitig jenem Typ von Vergleich ein Riegel vorgeschoben, der sich in der älteren Anthropologie so oft verhängnisvoll ausgewirkt hat; ich denke dabei für unser spezielles Problem insbesondere an Edward Westermarck, der jeweils Materialien aus den verschiedensten Gebieten, Regionen, Gesellschaften miteinander vergleicht. Vergleichen, also gewisse Homologien aufweisen, kann man immer nur innerhalb gewisser struktureller Rahmen: werden diese überschritten, dann vergleicht man nicht mehr, sondern man differenziert. Vergleich und Differenzierung sind dabei ständig dialektisch aneinander gebunden, indem Vergleich, um möglich zu sein, Differenzierung voraussetzt; Differenzierung ihrerseits setzt Vergleich des Vergleichbaren voraus. Mit anderen Worten, wenn wir von Eheformen der Jäger- und Sammlerinnen-Kulturen sprechen und unter ihnen bestimmte Gleichförmigkeiten vorfinden, so setzen wir gleichzeitig voraus, daß es andere Kulturen gibt, etwa

Jäger- und Grabstock-Kulturen, Jäger- und Gärtnerinnen-Kulturen, Jäger-, Kleinviehhirten- und Handwerkerinnen-Kulturen, aber auch Großviehhirten- und ausgeprägte Bauern-Kulturen, verschiedene Formen des höheren Ackerbaus, ferner von ungeschichteten und geschichteten Gesellschaften bis hin zu den Industriekulturen. Vielleicht lassen sich in dieser Differenzierung gemeinsame systematische Züge ausmachen; ich wäre aber vorderhand skeptisch über den Wert eines solchen universalhistorischen Systems. So mag es genügen, wenn wir die Differenzierung festhalten und ganz pragmatisch entscheiden, wie wir es in jedem einzelnen Falle halten wollen. Umgekehrt müssen wir voraussetzen, daß es möglich ist, trotz aller Differenzierung der Eheformen einen Schematismus, gewissermaßen eine „Minimum-Definition" dessen vorzuweisen, was wir als Ehe bezeichnen wollen. Im Vorgehenden ist das geschehen, wobei sich allerdings gewisse Entscheidungen aufdrängten, die verblüffen mögen. So trat z.B. die Institution der Hochzeit deutlich zurück gegenüber dem Willen von Mann und Frau, auf Dauer zusammenzuleben und Kinder gemeinsam aufzuziehen. Die Dauer war übrigens beschränkt, falls etwa keine Kinder kamen oder sonstige Unverträglichkeiten auftauchten. Dies Schema umfaßt alles, was man, wenn man so will, als anthropologisches „Universal" ansprechen kann.

Aber man muß sich auch Rechenschaft darüber geben, daß dieses Schema zahllosen Varianten offensteht, daß es eine Vielfalt von Symbolen gibt, die diese Zusammengehörigkeiten oder ihre Aufkündigung vor Dritten dokumentieren, usw. Darüber geben uns Ethnographie und Ethnologie zahlreiche Informationen. Wir können auch mit Hilfe der Paläoethnologie vorsichtig rückschließen, daß die Verhältnisse in der Altsteinzeit ähnlich gewesen sein müssen. Geändert haben sie sich wohl erst seit dem Neolithikum, also seit ca. 10000 Jahren, während die Urzeit der Menschen ca. 1000000 Jahre beträgt. So kann man sagen, daß das Schema *Ehe ohne Hochzeit* mit größter Wahrscheinlichkeit für weitaus die längste Zeit der menschlichen Geschichte dominant gewesen ist. Die *Ehe mit Hochzeit* ist wahrscheinlich erst seit den revolutionären Veränderungen der Menschheit aufgekommen, die wir als Neolithikum bezeichnen.

Mit diesen Erörterungen ist bereits im anthropologischen Vorfeld eine Entscheidung für die Soziologie der gegenwärtigen Familie gefallen. Man muß 1. erklären, unter welchen Voraussetzungen die Institution der Hochzeit entstanden ist, und man muß 2. zugestehen, daß diese Institution zweifellos ein sekundäres Merkmal der Ehe ist angesichts der enormen Zeit, in der die Menschheit ohne diese Institution ausgekommen ist. Wenn sich nun herausstellt, wie im vorhergehenden gezeigt, daß bei der Hochzeit Geschenktausch und Übertragung von Eigentum, etwa in Form eines Brautpreises, eine Rolle spielen, dann heißt das indirekt auch, daß die Hochzeit als soziale (und nicht nur juristische) Institution bei jenen Bevölkerungsgruppen keine große Rolle spielen kann, bei denen Eigentum in keinem nennenswerten Maße vorhanden ist. Das ist nicht nur der Fall bei den armseligen Kulturen des Paläolithikums, sondern auch bei vielen proletarisierten Völkern der Gegenwart, die zu den „armen" Ackerbaukulturen gehören, also weitgehend in Lateinamerika, wo dementsprechend die „unión libre", d.h. die „freie Ehe" (ohne Hochzeit) vorherrscht. Das war auch der Grund, warum der sowjetische Gesetzgeber nach 1917 die „freie Ehe" einführen mußte, weil die Majorität der armen Bevölkerung nach dem offiziellen geltenden Recht des Swod Zakonow gar nicht verheiratet war, sondern – juristisch gesprochen – bestenfalls in „eheähnlichen" Verhältnissen lebte. Dazu gehörten neben den Schismatikern, die die obligatorische kirchliche Eheschließung ablehnten, vor allem die hochmobilen bäuerlichen Bevölkerungen, die auf der steten Flucht vor den Feudalherren waren. Von der „Dritten Welt" kann das Gleiche nicht gesagt werden, da viele dieser Völker zwar im Sinne des Industrialismus „arm" sind, aber nicht in ihrem eigenen. So finden wir etwa bei allen mohammedanischen Kulturen einen verhältnismäßig sehr reichen Ausbau der Institution der Hochzeit. Selbst für eine arme Familie gehört es sich, möglichst das ganze Dorf einzuladen. Die Hochzeit selber dauert im einfachsten Fall bis zu drei Tagen. Diese mohammedanischen Kulturen repräsentieren heute noch das alte System der Viehzüchter und höheren Ackerbauern, wie es in den archaischen Kulturen seit der Entstehung komplexer Herrschaftsstrukturen in der Periode von ca. 8000 bis 5000 vor unserer Zeitrechnung entstanden ist. Daneben gibt es aber eine Menge anderer primitiver Kulturen, die heute weitgehend im Verschwinden sind, speziell solche in den Rückzugsgebieten der

Arktis (Eskimo), in den afrikanischen und südostasiatischen Buschwäldern, aber auch in Zentralaustralien, von denen uns zuverlässige Berichte vorliegen, daß die vorwiegende Form der Ehe bei ihnen die formlose Ehe mit formloser Scheidung ist. Auch in anderen Breiten, z. B. bei vielen nordamerikanischen Indianern, herrscht noch heute diese Eheform vor.

Angesichts dieser Situation erhebt sich die Frage einer neuartigen Bewertung der Ehe, in der zweifellos die Hochzeit eine überragende Bedeutung gewonnen hat (§ 45). Denn man muß grundsätzlich mit zweierlei rechnen: 1. mit einem Überleben dieser alten Eheform und 2. eventuell mit einer spontanen Neuentstehung, wenn ihre Ursprungsbedingungen aus irgendwelchen Gründen wiederhergestellt werden. Beides kann zu einem mächtigen Antriebsfaktor werden, der den Typ der freien Ehe wieder zunehmen läßt. Das kann selbst in Industriekulturen der Fall sein, wenn etwa aufgrund politischen Wandels das Eigentum entweder auf ein Minimum reduziert oder überhaupt abgeschafft wird. Wenn dazu noch eine seit altersher vorhandene Tradition freier Eheschließung kommt, wie die Common Law-Ehe in den angelsächsischen Kulturen, dann werden sich freie Vereinigungen der genannten Art zweifellos wieder vermehren, was insbesondere in den USA bei den Unterklassen und Negern festgestellt worden ist. Bei den Germanen spielte noch in der Zeit des entwickelten Ackerbaus die „Friedel-Ehe" eine erstaunlich große Rolle, die sich jederzeit wieder regenerieren könnte. Nur bei den römisch-rechtlich orientierten Kulturen überwiegt dagegen die Hochzeit als Institution, mehrheitlich als Überbleibsel der ursprünglich sakral eingegangenen Ehe der Gentilen, der allerdings schon damals außer der Usus-Ehe mit Ausländerinnen noch die Ehe der Sklaven als „natürliche" Ehe (contubernium) gegenüberstand. Davon sind natürlich verwaltungsmäßige Interessen zu unterscheiden, die den Eheschluß als Ausdruck des Ehewillens aktenkundig machen wollen, um den daraus resultierenden Konsequenzen gegenüber vorbereitet zu sein. Das ist etwa der Fall in der Sowjetunion, wo neuerdings sogar Schwangerschaften aktenkundig gemacht werden. Dagegen scheint in den angelsächsischen Kulturen die Tendenz vorzuherrschen, erst dann die Verwaltung in Aktion zu bringen, wenn irgendein Rechtsproblem auftaucht (Namensgebung, Erbe, Alimentationsansprüche usf.).

Eine anthropologisch-vergleichende Darstellung der Familienproblematik stellt also in der Tat die Familiensoziologie vor eine durchaus neue Situation, indem sie sie zwingt, eine Reihe von bisher als selbstverständlich angesehenen Vorstellungen aufzugeben oder mindestens stark zu modifizieren. Dies konnte bisher verborgen bleiben, weil sich die wirtschaftliche, soziale und politische Hochentwicklung auf ganz bestimmte Teile der Welt beschränkte, die wir als die „westliche" zu bezeichnen pflegen. Dabei war es entscheidend, daß diese abendländisch-westliche Welt seit zweitausend Jahren zugleich immer intensiver auch ein besonderes Kulturideal vertrat, nämlich das christliche, das in seinen säkularisierten Formen die westliche Industriegesellschaft völlig durchdrungen und wiederum mit einer Reihe von kulturellen Idealen geprägt hat, die keineswegs allgemeingültig, sondern in ihrer Geltungsbreite durchaus begrenzt sind. In diesem Sinne haben wir auch nicht nur vom „Idealtyp" (im Max Weberschen Sinne) der Ehe, sondern von einem „Ideal" gesprochen, das sich sogar weitgehend als „Ideologie" auswirkt, wenn man seine durchaus beschränkte Wirkung im Zusammenhang mit seinem universellen Anspruch bedenkt (§ 42). Wir diskutieren hier nun nicht die Frage, daß immer eine Distanz zwischen Ideal und Realität besteht – obwohl methodologisch wichtig, wie ebenfalls gezeigt, so doch von sekundärer Relevanz angesichts des wirklichen Problems –, sondern daß einer Gruppe von Idealen in der vergleichenden anthropologischen Betrachtung andere gegenüberstehen, die mit den ersten nicht das Geringste gemein haben.

§ 95. Das Problem der nicht-christlichen Kulturen. – Spätestens seit dem Jahre 1868 eröffnet sich Japan der modernen Technologie und Wirtschaft; als Folge der Meiji-Ära entwickelt es sich als erste nicht-christliche Kultur im Laufe von rund hundert Jahren zur dritten industriellen Weltmacht neben den USA und der UdSSR. Die Folgen dieses umfassenden sozialen Wandels machen sich auf allen Lebensgebieten bemerkbar; das aber ist nicht unser Problem, sondern die Auswirkung auf Ehe und Familie, insbesondere auf ihre Wertstruktur. Hier gilt zunächst, daß im Gegensatz zu allen christlichen Kulturen in Japan keinerlei Verteufelung der Sexualität jemals geherrscht hat. Infolgedessen hat auch die traditionelle Ehevorstel-

lung niemals wie die christliche einen exklusiven Charakter angenommen, ohne daß die alten Familienordnungen dadurch bedroht worden wären. Im Gegenteil: diese waren bis zum Zweiten Weltkrieg außerordentlich mächtig und völlig intakt. Abgesehen von der Sexualfreudigkeit dieser Kultur waren aber auch massenhafte Scheidungen früher gang und gäbe und, soweit wir sehen können, sehr hoch (viel höher als die höchsten Scheidungsraten von heute in UdSSR und USA). Die kulturelle Voraussetzung war die nichtchristliche Unbefangenheit, mit der diese Probleme angegangen wurden; mit anderen Worten: weder die Idee von der Unauflösbarkeit des Ehebandes noch die von der grundsätzlichen Unscheidbarkeit der Ehe haben in Japan jemals Boden gefaßt, und das obwohl – ich wiederhole das – die Familienverbände außerordentlich machtvoll waren. Damit hatte es der japanische Gesetzgeber nach 1945 unverhältnismäßig leicht, eine moderne Gesetzgebung zu schaffen, die dieses Prinzip der relativ problemlosen und auch formlosen Ehescheidung beibehielt. Daß damit aber weder Ehe noch Familie gefährdet werden, beweisen die außerordentlich niedrigen Scheidungszahlen in Japan heute, worüber schon berichtet worden ist. Das ganze Problem wird hier sehr viel unbefangener angegangen als in den christlich geprägten westlichen Gesellschaften, wofür der enorme ideologische Aufwand charakteristisch ist, der in Italien im Frühjahr 1974 im Zusammenhang mit dem Referendum gegen das Ehescheidungsgesetz, das im Dezember 1970 in Kraft trat, getrieben wurde. Eine solche Situation wäre wohl in Japan undenkbar, weil dort keinerlei Vorstellungen über die Unauflösbarkeit des Ehebandes existieren, welche die westlichen Kulturen seit Jahrhunderten bestimmen.

Die Erfahrung dieser japanischen Entwicklung würde uns schon allein als solche zwingen, die westlichen Vorstellungen, die mit Ehe und Ehescheidung verbunden sind, zu modifizieren. Dazu kommen aber noch andere Erfahrungen, welche die japanische Soziologie zutage gebracht hat und die entsprechenden westlichen Vorstellungen diametral entgegenstehen. Diese Erfahrung ist die umgekehrte Entwicklung der Ehescheidung in Japan mit der zunehmenden und zweifellos zeitweise überstürzten Industrialisierung (§ 82, Tab. 8). Während in allen westlichen Kulturen, die sozialistischen inbegriffen, die Scheidungszahlen mit der Industrialisierung gestiegen sind

(Tab. 9), sind sie in Japan genau umgekehrt in der gleichen Periode enorm gefallen. Diese anthropologische Einsicht beschränkt sich übrigens nicht allein auf Japan, sondern findet sich gleichermaßen in einer Reihe mohammedanischer Länder, insbesondere in Algerien und Ägypten (Tab. 10). Das ist nun nicht nur Ausdruck des kulturellen Relativismus mit ganz anderen Wertungen, sondern wird gleichzeitig die Familiensoziologie zwingen, einige Sätze, die ihr bisher selbstverständlich waren, aufzugeben. Auch hier ist im Vorfeld der Anthropologie eine Entscheidung gefällt worden, der sich die Soziologie künftig nicht mehr wird entziehen können.

Gleichzeitig kann vorausgesagt werden, daß andere Erfahrungen dieser Art sehr bald folgen werden. Man bedenke allein die Entwicklung in China. Was wird die Zukunft bringen? Die Vergangenheit und ihre Wertungen sind uns bekannt. Der heutige Kampf gegen den Konfuzianismus betrifft aber nicht nur das Wertsystem, sondern ist zweifellos Ausdruck einer verwandelten Wirklichkeit. Wenn wir vom anthropologischen Grundsatz des kulturellen Pluralismus und Relativismus ausgehen, können wir wohl auch damit rechnen, daß die Entwicklung der „Dritten Welt" nicht in Richtung einer einheitlichen „Modernisierung", sondern genau umgekehrt in der Entwicklung und zunehmenden Artikulation eigener Wertsysteme verlaufen wird. Damit werden auch für diese Kulturen bezüglich Ehe und Familie neue momentan noch unvoraussehbare Probleme entstehen, welche das Neue mit dem Alten verbinden und damit zweifellos Kulturbilder entfalten werden, die von den westlichen total verschieden sind wie die der Japaner und Chinesen. Das wird eine weitere Einschränkung des westlichen Hegemonieanspruchs in der Kulturentwicklung und eine weitere Differenzierung zur Folge haben.

Schon jetzt steht fest, daß die Soziologie bestimmte, bisher als fraglos akzeptierte Sätze wird aufgeben müssen. Wir haben im Vorgehenden (§§ 81, 82, 83, 84, 85) bereits einige dieser Aussagenkomplexe einer eingehenden Kritik unterzogen. Jetzt müssen aber einige sehr spezifische Sätze in Frage gestellt werden, wie z.B. der, daß die Scheidungsrate mit zunehmender Industrialisierung und Urbanisierung steigende Tendenz hat. Beide Sätze sind in dieser Form falsch, und das noch ganz abgesehen von den Fragen, die Max Rheinstein an den Aussagewert der Scheidungsstatistiken geknüpft hat (§ 87). Wenn in Japan, Algerien und Ägypten die Scheidungszahlen mit zunehmender Industrialisierung heruntergehen, dann müssen die bisher als unzweifelbar angenommenen Sätze notwendigerweise so stark modifiziert werden, daß man nicht mehr nur von einer Änderung der „Randbedingungen" sprechen kann. Das gleiche gilt auch gegenüber dem Satz von der Korrelation zwischen Grad der Urbanisierung und Höhe der Ehescheidungen. Abgesehen davon, daß schon in den westlichen Kulturen dieses Verhältnis fragwürdig ist, weil nicht feststeht, worauf die höheren Scheidungszahlen in den Städten zurückgehen, auf eine „echte" höhere Scheidungshäufigkeit oder auf einen selektiven Wanderungsgewinn, muß betont werden, daß mindestens sowohl Algerien als auch Ägypten mehrheitlich ländliche Kulturen darstellen, während Japan trotz seiner großen Städte (Tokio war schon im 18. Jahrhundert größer als Paris und London) bis vor kurzem stark ländlich strukturiert war, was noch bis heute in seiner relativ hohen Erwerbsbevölkerung in der Landwirtschaft nachklingt, und trotzdem die höchsten jemals genau bekannt gewordenen Scheidungszahlen aufzuweisen hatte. Ähnliches gilt auch für die auffällig hohen Selbstmordzahlen junger Mädchen in ländlichen Gebieten sehr autoritär geprägter mohammedanischer Gesellschaften in Nordafrika. Auch das widerspricht den Erfahrungen in der westlichen Welt und wird uns zwingen, in dieser Hinsicht einiges umzulernen.

§ 96. Das „Verwandtschaftsatom". – Ein weiterer Komplex, zu dem die Anthropologie heute Vorstellungen hat, die von denen der Soziologie abweichen, ist das – wie Claude Lévi-Strauss es genannt hat – „Verwandtschaftsatom", womit er das bezeichnet, was gemeinhin als „Nuklearfamilie" bekannt ist, also die Assoziation von Mann, Frau und unmündigen Kindern. Was Lévi-Strauss im Sinne hat, ist zweifellos richtig, gewissermaßen die Elementarzelle der Verwandtschaft; aber sein Terminus dafür ist genauso irreführend wie der der „Kernfamilie". Bei letzterem Begriff beginnt die Irreführung damit, daß dieser Begriff – seinem Inhalt (oder Personalinventar) nach – überhaupt kein soziologischer, sondern ein biologischer im Sinne der Fortpflanzungsgemeinschaft ist. Nun ist es sicher richtig, daß die Familie einen bio-sozialen Doppelcharakter hat – es ist sogar so richtig, daß es fast eine Banalität ist. Aber damit ist

weder anthropologisch noch soziologisch das Entscheidende erfaßt. Im wesentlichen kommt es hier nämlich auf die Spiegelung dieses Verhältnisses im gesellschaftlichen Bewußtsein an. Das kommt aber auch bei Lévi-Strauss zu kurz, so daß sein Terminus vom „Verwandtschaftsatom" im Grunde nicht viel besser ist als der andere der „Kernfamilie". Außerdem widerspricht er zu allem Überfluß noch einer der wesentlichsten Thesen des Strukturalismus selber, so daß ich zunehmend geneigt bin, beide Termini auf die Dauer aufzugeben, insbesondere auch darum, weil sie den anthroposoziologischen Strukturen, die sie sichtbar machen sollen, im Grunde widersprechen, respektive sie jeweils auf einen einseitigen Fall einschränken, ohne eine allgemeine Lösung des Problems anzubieten. Bei Lévi-Strauss wird das übliche Schema der Kernfamilie zwar richtigerweise durchbrochen, indem er mehr Personen darin vereint als Vater und Mutter, aber mit der Festlegung der zusätzlichen Person als Mutter-Onkel (Avunkulat), beschränkt er sich auf matrilineale Gesellschaften, womit er im Grunde seiner eigenen Intention zuwiderhandelt; denn diese geht ursprünglich eindeutig darauf aus, ein Schema aufzugreifen, das allen Aspekten des Phänomens im Rahmen der Kultur Rechnung zu tragen erlaubt.

Schon bei Marcel Mauss war das Problem der Exogamie eingebaut worden in das System gegenseitiger „totaler" *Prestationen* zwischen Gruppen, bei denen wirtschaftliche und kulturelle Güter sowie Frauen zirkulierten und weitere Gesellschaftszusammenhänge über die biologischen „Abstammungsstränge" hinaus (§ 29) aufkamen. Schon für Mauss war das ein Kommunikationsproblem. Für Lévi-Strauss ist das in wesentlich erhöhtem Maße der Fall, so daß er – und hier liegt seine eigenste Leistung – in einem einheitlichen Kommunikationssystem Sprachelemente (Botschaften der Freundschaft, der Allianz usw.), wirtschaftliche Elemente (Güter) und Verwandtschaftsstrukturen (Ehe) vereint. Unangesehen des Formalisierungsprozesses, der hier anhebt und sich auf logisch-formale Eigenschaften von Zeichensystemen bezieht, muß aber betont werden, daß das alles nur dann einen Sinn ergibt, wenn wir einen *Bewußtseinskreis* ansetzen, in dem dies Netz von Kommunikationen, Zeichen, Gütern und Verwandtschaftsbeziehungen „definiert" wird. Mit anderen Worten: jede Gesellschaft definiert auf ihre Weise das „Verwandtschaftsatom". Dabei kann zweifellos der Mutter-

Onkel hervortreten, aber genauso ganz andere Personen. Die sogenannte Nuklearfamilie besteht also keineswegs nur aus Vater, Mutter und unmündigen Kindern, sondern noch zusätzlich aus anderen Personen, die ein gegebener Kulturkreis als dazugehörig definiert. Das wäre gewissermaßen das elementare Verwandtschaftsdifferential gesehen aus der kulturanthropologischen Perspektive unter gleichzeitiger Anerkennung sozialstruktureller Differenzierungen. Dies ist auch ganz unverwechselbar mit irgendwelchen biologischen Konstellationen, sondern deutlich kulturell geprägt. Außerdem kommt das sozialstrukturelle Element zum Zuge, indem sich von hier aus entscheidet, was jeweils kulturell anerkannt wird. Die Hauptaufgabe für die familiensoziologische Forschung würde dann darin liegen, den Variationskreis der in einer gegebenen Gesellschaft als zusammengehörig erscheinenden Personen mit den daraus folgenden Konsequenzen für die innere Verfassung dieses Systems zu umschreiben. Ich betone ausdrücklich, daß dies insbesondere für fortgeschrittene Industriegesellschaften eine Aufgabe besonderer Natur ist, die zwar in der Theorie von den sogenannten „Familienkonstellationen" in Angriff genommen worden ist (§ 48 Ende, 73, 77), ohne daß man aber bisher wüßte, *welche* Konstellationen und in *welchen statistischen Verhältnissen* in den verschiedenen Gesellschaften aufgewiesen werden können. Einschlägige Arbeiten stammen erst aus jüngster Zeit wie eine aufschlußreiche Darstellung von Martin Koschorke für die Bundesrepublik (1973). Dagegen haben Sozialanthropologie, Ethnographie und Ethnologie bereits alte Erfahrungen auf diesem Gebiet, wenn diese auch bisher noch nicht theoretisch ausgewertet worden sind. Der Begriff vom Verwandtschaftsatom bei Lévi-Strauss ist in dieser Hinsicht zweifellos noch lange nicht hinreichend, weil es sich dabei keineswegs um „Atome" oder „Zellen", sondern bestenfalls um „Chromosomen-Verkettungen" handelt, deren Text in jedem einzelnen Falle anders gelesen werden muß.

§ 97. *Die Prozesse der Bindung und Lösung.* – Wenn man neuerdings kulturanthropologische Daten benutzt hat, um die These vom ursprünglich aggressiven Charakter des Menschen respektive ihr Gegenteil zu diskutieren, so dürfte es wohl erst recht legitim sein, bei der Analyse der Familie in der Gegenwart so zu verfahren. Man hat mir z.B. entgegengehalten, es sei unmöglich, das Verhalten moderner Menschen in der Situation der Ehescheidung aus dem Verhalten afrikanischer Eingeborener zu verstehen. Ich möchte mich höchst energisch dagegen wehren und deutlich machen, warum ich auf diese Weise vorgegangen bin. Nachdem ich mich mehr als dreißig Jahre lang mit den Problemen von Ehe und Ehescheidung befaßt habe, bin ich – auch unter dem Eindruck des letzten Werkes von Max Rheinstein – definitiv der Meinung, daß die Soziologen bisher noch gar nichts Substantielles über die eigentlichen Probleme der Ehescheidung wissen, was seltsam mit der Sicherheit kontrastiert, mit der gewisse Behauptungen seit Jahrzehnten immer wiederholt werden. Inwiefern soll nun wirklich die Anthropologie in der Lage sein, uns eine größere Gewißheit über die einschlägigen Probleme zu verschaffen?

Die Antwort darauf ist leicht gegeben: die Anthropologie ist in der Mehrzahl der Fälle nicht mit Rechtssystemen und ihren Implikationen, sondern unmittelbar mit den menschlichen Prozessen befaßt, die wir mit dem Begriff „Ehescheidung" verbinden. Die Rechtssysteme wirken sich dabei im Sinne einer immer stärkeren Betonung des ideologischen Charakters der Ehevorstellung aus, wie im Text an vielen Beispielen gezeigt, so daß ihre Analyse nur einen sehr geringen Beitrag zur Erkenntnis der Probleme leisten kann. Wenn man, wie es heute der Fall ist, die Aufmerksamkeit abrückt von dem rechtlich geregelten Verfahren und sich mehr dem substantiellen Vorgang des Zusammenbruchs der Ehe zuwendet, der die Voraussetzung für die Einleitung eines Verfahrens ist, wie es Rheinstein so erfolgreich angebahnt hat, dann springt die Möglichkeit eines entscheidenden Beitrags von Seiten der Anthropologie geradezu in die Augen, und zwar gerade da, wo sie sich mit den von uns scheinbar am weitesten entfernten Jäger- und Sammlerinnen-Kulturen befaßt, die noch über keine institutionalisierten Rechtssysteme verfügen. Auch ohne Rousseauschen oder Marxschen Utopien einer Welt ohne Eigentum (oder nur mit rudimentären Spuren davon) zu verfallen, muß man zugestehen, daß diese primitiven Gruppen die Prozesse menschlicher Bindung und Lösung gewissermaßen in durch nichts gestörter Reinkultur sehen lassen (§ 79). Daß damit überdies jene Form des Phänomens erfaßt ist, die mit höchster Wahrscheinlichkeit die bei weitem längste Zeit der

Menschheit bestimmt hat, mag ein zusätzliches Argument zugunsten dieser Vorgehensweise sein.

Dabei gibt es sogar einen Punkt, wo die Scheidungsformen dieser primitivsten Gesellschaften noch mit denen von ausgesprochenen Hochkulturen verglichen werden können, sofern sie nicht-christlich sind, und das ist die mehr oder weniger große Identität zwischen Ehezusammenbruch und Scheidung. Dann wird auch nicht nach Scheidungs-„Gründen" gesucht, die sowieso meist nur den Charakter von Vorwänden oder Rechtfertigungsdenken haben, es wird auch nicht gestritten, sondern die Ehe wird einfach spontan getrennt durch gegenseitiges Verlassen. Die Partner gehen auseinander. Annäherungen und Auseinandergehen, wobei zwischen flüchtigen Sexualkontakten bis zu langwährenden Partnerschaften alle Schattierungen auftreten können, scheinen mir für die primitive Menschheit genau so bezeichnend zu sein wie in den Unterklassen vieler Industriegesellschaften heute. Man kann den Eindruck nicht von der Hand weisen, daß wir hier wirklich elementaren Verhaltensweisen des Menschen begegnen, die von den Rechtsregeln gar nicht erreicht werden und sich gegen sie immer wieder spontan durchsetzen. Zur genaueren Kenntnis dieser Vorgänge wäre allerdings eine differenzierte Anthropologie der Industriegesellschaften erforderlich, von der heute noch lange nicht gesprochen werden kann, speziell nicht in bezug auf das spinöse Thema der Ehescheidung.

Eine weitere interessante Einsicht der Anthropologie liegt darin, daß es Gesellschaften aller Entwicklungsgrade mit hoher und solche mit niedriger Scheidungsfrequenz gibt. Das ist bisher eine bloße Tatsache, für die vorläufig keine weitere „Erklärung" vorhanden ist. In einer Differenz der Wertungen kann dieser Unterschied nicht gefunden werden, solange wir uns an sehr primitive Gesellschaften halten. Dagegen steht fest, daß sich die Entwicklung der Heirat von Anfang an ganz eindeutig als Abschreckung vor der Scheidung auswirkt. Da so viele Soziologen ethnozentrisch von der in ihrer Gegenwart vorherrschenden Moral belastet waren, speziell im Viktorianischen Zeitalter, als alle diese Forschungen begannen, rührt auch von ihnen das Vorurteil, daß die Ehe als eine auf Dauer ausgerichtete Partnerschaft eines Mannes und einer Frau (oder – häufig – mehrerer) nur durch eine Heiratszeremonie eingegangen werden könne. Es gibt auch heute noch sehr viele andere Motive, die hierbei zum Zuge kommen können, und von diesen ist die formelle Heirat zweifellos zwar nicht belanglos, aber doch von nur sekundärer Bedeutung. Entscheidend aber ist, daß mit der Entstehung der Heirat als solcher Probleme wirtschaftlicher, sozialer und politischer Art zum Zuge kommen, die den ursprünglichen Vorgang, nämlich das dauernde Zusammenleben von Mann und Frau derart verschleiern, daß man ihn ständig aus den Augen zu verlieren droht, obwohl er doch eigentlich das Hauptproblem ist.

Dazu gehört schließlich auch das Problem der Autorität, von dem zu Anfang gezeigt werden konnte, daß es mehr als alles andere die moderne Familienproblematik belastet (§ 16). Wiederum ist es die Anthropologie, welche den Ursprüngen der Autoritätsentfaltung nachzugehen erlaubt, indem sie rund heraus zeigt, daß in den primitiven Jäger- und Sammlerinnen-Gesellschaften Mann und Frau im wesentlichen gleichgestellt waren, mit einer nur geringen Überlegenheit des Mannes in der Außenvertretung der Familie. Dafür war es aber die Frau, welche die regelmäßige Ernährung der Familie garantierte. Allerdings gab es auch bei diesen Kulturen nur ein Minimum an technisch-wirtschaftlicher Ausstattung, so daß kaum etwas strittig werden konnte, zu dessen Entscheidung Autorität vonnöten gewesen wäre. Dieser Zustand stellt sich auch heute spontan wieder her bei unterprivilegierten Gruppen wie den nordamerikanischen und brasilianischen Negern, wo die Mutter und Großmutter die Familienkonstellation beherrschen, genau wie die Frau bei europäischen Arbeitern.

Auch hier beginnt der Wandel erst mit dem Übergang von der Altsteinzeit zum Neolithikum, wo mit der durch organisierte Jagdexpeditionen plötzlich wesentlich verbesserten Ernährungslage erstmals so etwas wie Überfluß und Reichtum entsteht. Da die Erinnerung fortlebt, daß die Frau die sicherste Nahrungsbeschafferin ist, wird gleichzeitig die Frau zum ersten wichtigsten Symptom des Reichtums, indem man sich ihrer Dienste versichert. Das treibt nicht nur die Tendenz zur Polygamie hervor, sondern gleichzeitig das Bedürfnis einer Verdeutlichung der Abhängigkeit, die in der Heiratszeremonie begründet und gesichert wird. Damit schließt sich der Kreis, und ein neues Zeitalter beginnt, dessen Auswirkungen bis zu unserer Gegenwart hinreichen. Die Anthropologie aber bewahrt die Erinnerung daran, daß die Menschheit die längste Zeit ihrer Geschichte in einem davon verschiedenen System lebte, das seine Leistungsfähigkeit insofern bewies, als der Mensch mit seiner Hilfe auch die unmöglichsten Verhältnisse überlebte.

Anmerkungen

Die Werke, die in der Bibliographie aufgezählt sind, werden in den Anmerkungen nur abgekürzt zitiert. Die darüber hinausgehende Literatur wird mit allen Angaben zitiert.

[1] *Malinowski,* Marriage 940; siehe auch *Murdock,* Structure Kap. 1; *Linton* Kap. 10; *König,* Familie 187. Aber siehe *Stephens* 19–32.

[2] *Friedrich Alverdes,* Tiersoziologie (Leipzig 1925); *Ford* und *Beach.*

[3] *Hans M. Peters,* Gesellungsformen der Tiere: *Werner Ziegenfuss* (Hrsg.), Handbuch der Soziologie (Stuttgart 1956) 613–640; *Adolf Portmann,* Das Tier als soziales Wesen (Zürich 1953); *N. Tinbergen,* Social Behaviour in Animals (London 1953); *Irenäus Eibl-Eibesfeldt,* Grundriß der vergleichenden Verhaltensforschung. Ethologie (München 1967) 334; *ders.,* Der vorprogrammierte Mensch (Wien, München, Zürich 1973); *Charles W. Lloyd* (Hrsg.), Human Reproduction and Sex Behavior (Philadelphia 1964).

[4] *Peters* 633.

[5] *Konrad Lorenz,* Ganzheit und Teil in der tierischen und menschlichen Gemeinschaft; *K. Lorenz,* Über tierisches und menschliches Verhalten II (München 1965) 150.

[6] Siehe *Malinowski* 940.

[7] Dieser Begriff eingeführt von *Claessens* 62.

[8] Siehe *Marcel Granet,* La civilisation Chinoise (Paris 1929) 12, 488.

[9] *R. Descloîtres* und *J. C. Reverdy,* L'Algérie des Bidonvilles (Paris, Den Haag 1961); Organisation urbaine et structures sociales en Algérie: Civilisation XII (1962); *Paul Sebag,* Un faubourg de Tunis: Saida Materubia (Tunis 1960); für Ägypten: *'Abdelmou'em Chawqui,* 'Ilm alytimà al hadhari (Contemporary Sociology) (Cairo 1968). Es ist interessant zu vermerken, daß das gleiche bei den nordafrikanischen Einwanderern in die Vorstädte von Paris der Fall zu sein scheint. Siehe *Tigani Ben Sassi,* Les travailleurs tunisiens dans la région parisienne (Paris 1968). Ich verdanke diese Information meinem Freund Professor *Abdelwahab Bouhdiba,* Universität Tunis.

[10] *William Mangin,* Latin American Squatter Settlement. A Problem and a Solution: Latin American Research Review 2 (1967) 65–98; *Emilio Willems,* Barackensiedlungen und Urbanisierung in Lateinamerika: Kölner Zeitschrift für Soziologie und Sozialpsychologie 23 (1971) 727–744.

[11] Siehe *König,* Materialien 151 ff.; *Giuns* 287–303, 299, 302; *Schlesinger; Tomaso Napolitano,* La famiglia sovietica (Roma 1946); *Wolfram Müller-Freienfels,* Zur revolutionären Familiengesetzgebung, insbes. zum

Ehegesetz der Volksrepublik China vom 1. Mai 1950; Ius Privatum Gentium (Tübingen 1969) 843–908.

12 *Max Rheinstein*, The Law of Family and Succession: *A. N. Yiannopulos* (Hrsg.), Civil Law in the Modern World (Baton Rouge, La. 1965) 30.

13 *W. Müller-Freienfels* 908.

14 *Anna Dodziuk-Litynska* und *Danuta Markowska*, Rodzina w miastach Polskych. Przeglad badan spolecznych z lat 1945–1968 (The Family in Polish Cities. Social Surveys 1945–1968) (Breslau, Warschau, Krakau, Danzig 1971).

15 *Hilde Thurnwald*, Gegenwartsprobleme Berliner Familien (Berlin 1948).

16 *Baumert*, Jugend der Nachkriegszeit (Darmstadt 1952); *idem*, Deutsche Familien; *Gerhard Wurzbacher*, Leitbilder gegenwärtigen deutschen Familienlebens (4. Aufl. Stuttgart 1969); *Schelsky*.

17 *Edward C. Banfield*, The Moral Basis of a Backward Society (Glencoe, Ill. 1958).

18 *Yonina Talmon*, The Family in Israel: Marriage and Family Living 16 (1954) 343–349; *idem*, The Family in Collective Settlements: Transactions of the Third World Congress of Sociology IV (London 1956) 116–126; *idem*, Social Change and Kinship Ties: *Hill* und *König*, 504–522. Dagegen *Melford E. Spiro*, Is the Family Universal? The Israeli Case: American Anthropologist 56 (1954) 839–846; Neudruck mit zusätzlichem „Nachwort" von 1958 in *Bell* und *Vogel* 64–75.

19 Siehe *New China News Agency*, Peking, 19. Dez. 1958; *Survey* of China Mainland Press, 5. Jan. 1959.

20 *Simone de Beauvoir*, Le deuxième sexe (2 Bde.) (Paris 1949).

21 *König*, Materialien 264.

22 Für viele Männer geschah der gleiche Wandel viel früher. Siehe auch *A. Ammen*, Die außerhäusliche Berufstätigkeit des Vaters (Stuttgart 1970).

23 *Alexander Szalai* (Hrsg.), The Use of Time (Den Haag, Paris 1973), Bd. I, Abt. III, Kap. 6.

24 *Marie-José Chombart de Lauwe*, *Paul-Henry Chombart de Lauwe* u. a., La femme dans la société (Paris 1963); *König*, Materialien 257–261; *Alva Myrdal* und *Viola Klein*, Women's two Roles. Home and Work (3. Aufl. London 1968).

25 Siehe vor allem *Goode*, Revolution 373: „Toward the upper strata, men who are better educated and more strongly affected by the new philosophy of the family are somewhat more willing on a philosophical level to concede rights, and women are somewhat more eager to demand them, although their behavior may in fact be less free than toward lower strata. Men in the lower strata, by contrast, are much more traditionalminded

than their counterparts in the upper strata, and are less willing to concede the new rights being demanded; but they have to do so because of the increased bargaining power of their women." Zwei neuere französische Studien betonen die unterprivilegierte Stellung der Frau trotz der verschiedenen Abänderungen des *Code Civil.* Siehe *Andrée Michel,* Les aspects sociologiques de la notion de famille dans la législation familiale Française: L'Année Sociologique 3e série (1960) 79–107 und *A. Michel* und *G. Texier,* La condition de la Française d'aujourd'hui (2 Bde.) (Paris 1964).

[26] *Barbara E. Ward* (Hrsg.), Women in the New Asia. The Changing Social Roles of Men and Women in South and South-East Asia (Paris 1963), hat schon früh gezeigt, daß trotz aller neueren Strömungen in der Gesetzgebung die Frauen noch immer unterprivilegiert bleiben. Dies gilt vor allem für die Ausbildung, die die Hauptwaffe der Frau auf dem Arbeitsmarkt ist; so sagt Barbara Ward: „It is clear that women are everywhere at an educational disadvantage" (55). Für islamische Länder siehe *Fadéla M'rabet,* Les algériennes (Paris 1967); *Nefissa Zerdoumi,* Enfants d'hier (Paris 1970); *Abdelwahab Bouhdiba,* Point de vue sur la famille tunisienne actuelle in Revue tunesienne des sciences sociales 4 (1967) 17, betont, daß sich die Gattenfamilie auf „eine kleine Minorität" der Bevölkerung beschränkt. Für Indien siehe *Margaret Cormack,* The Hindu Woman (New York 1953); *Louis Dumont,* Homo Hierarchicus: Essai sur le régime des castes (Paris 1966).

[27] Siehe *Maria Mies,* Rollenkonflikte gebildeter indischer Frauen (Meisenheim a. Glan 1973). Andererseits ist es leicht zu zeigen, daß bestehende Rechtsverordnungen zu Gunsten der Frauen entweder nicht angewendet oder umgangen werden, wenn sie sich traditionellen Gewohnheiten entgegensetzen. *M. Duncan,* Religion, Law, and the State in India (London 1968). Siehe *Erika Knabe,* Frauen in Afghanistan (Meisenheim a. G. 1976).

[28] Siehe *Frédéric Le Play,* Les ouvriers européens, études sur les travaux, la vie domestique et la condition morale des populations ouvrières de l'Europe (Paris 1855); *Wilhelm Heinrich Riehl,* Die Familie (Die Naturgeschichte des Volkes als Grundlage einer deutschen Social-Politik III) (Stuttgart 1955).

[29] *Max Horkheimer* (Hrsg.), Autorität und Familie (Paris 1936).

[30] *Robert H. Lowie,* Toward Understanding Germany (Chicago 1954).

[31] *König,* Materialien 214–230.

[32] *E. Franklin Frazier,* The Negro Family in the United States (Chicago 1939); *St. C. Drake* und *H. R. Dayton,* Black Metropolis, A Study of Negro Life in a Northern City (New York 1945); *C.S. Johnson,* Growing up in the Black Belt (Washington, D.C. 1941); *John Mogey,* The Negro Family System in the United States: *Hill* und *König* 442–453. Ähnliche Situationen

wurden auch in anderen entwickelten und unterentwickelten Ländern gefunden, meist bei den Unterklassen. Für Brasilien siehe *Gilberto Freyre,* Casa Grande e Senzala (Rio de Janeiro 1933); für England siehe *Bott; Young* und *Wilmott;* für Westdeutschland siehe *Wilhelm Brepohl,* Der Aufbau des Ruhrvolkes im Zuge der Ost-West-Wanderung (Recklinghausen 1948); für Frankreich siehe *Chombart de Lauwe; Michel; idem,* Fonctions et structure de la famille: Cahiers internationaux de sociologie N.S. 7 (1960) 128.

[33] *Eugen Lupri,* Contemporary Authority Patterns in the West German Family (A Study in Cross-National Validation) (Publication 22, Agricultural Experiment Station, Kansas State University); *idem,* The German Family Today (A Study in Changing Authority Patterns) (Unveröffentl. Diss., Madison, Wis. 1967); *idem,* Industrialisierung und Strukturwandlungen in der Familie: Sociologia Ruralis 5 (1965) 57–76. Eine andere wichtige Untersuchung über den Vergleich von Autoritätsformen *George C. Devereux, Jr.,* Socialization in Cross-Cultural Perspective. Comparative Study of England, Germany and the United States: *Hill* und *König* 72–106.

[34] Bundesverfassung der Schweizerischen Eidgenossenschaft Art. 34 quinquies (1944).

[35] *Thurnwald; Lowie; Meyer F. Nimkoff,* Comparative Family Systems (Boston 1965); *Stephens.*

[36] *Johann Jacob Bachofen,* Das Mutterrecht, Neuausgabe: Gesammelte Werke II und III (Basel 1948).

[37] *John Lewis Gillin* und *John Philip Gillin,* An Introduction to Sociology (New York 1942) 224.

[38] *J. Fr. Lafitau,* Moeurs des sauvages amériquains, comparées aux moeurs des premiers temps (Paris 1724).

[39] Siehe für weitere Verweise *Pauly-Wissowa,* Realenzyklopädie des Altertums, Anhang VI (Stuttgart 1935) 557–571 (Mutterrecht).

[40] Diese Diskussion wurde durchgeführt von *J. Ferguson MacLennan, Sir John Lubbock, Lord Avesbury, Lewis H. Morgan, A. H. Post, Friedrich Engels, Julius Lippert, C. N. Starcke, F. von Hellwald, E. Grosse, J. Kohler, Heinrich Cunow, Sir James Frazer, Robertson Smith, Emile Durkheim, Robert Briffault, J. R. Ronhaar, Cl. Lévi-Strauss* und vielen anderen. Für den heutigen Stand siehe *David M. Schneider* und *Kathleen Gough* (Hrsg.), Matrilineal Kinship (Berkeley, Cal. 1961).

[41] *Friedrich Engels,* Der Ursprung der Familie, des Privateigentums und des Staates (Zürich 1884).

[42] Für die Sowjetunion wurde dieser Punkt hervorgehoben von *Fanina W. Halle,* Frauen des Ostens (Zürich 1938); für die Türkei hat *Ziyâ Gökalp* die Notwendigkeit der Frauenemanzipation auf Grund eines vermeintlich ursprünglichen Mutterrechts der Türken bewiesen. Siehe *Ziyaeddin Fahri,* Ziyâ Gökalp. Sa vie et sa sociologie (Paris 1936) 142/144.

[43] Dies ist heute nur noch der Fall in politischem Journalismus und im Vulgärmarxismus.

[44] *W. Robertson Smith,* Kinship and Marriage in Early Arabia (London 1885); *Thad. Engert,* Ehe- und Familienrecht der Hebräer (München 1905). Die Existenz mächtiger Frauen bedeutet keineswegs die Existenz eines ursprünglichen Matriarchats.

[45] Siehe Anmerkung 42.

[46] Für China: *Han-yi Feng,* The Chinese Kinship System (Cambridge, Mass. 1948); *Francis L. K. Hsu,* Under the Ancestor's Shadow (New York 1948); für Japan: *Richard K. Beardsley, John W. Hall* und *Robert E. Ward,* Village Japan (Chicago 1959); *Seiichi Kitano,* Dozoku and Kindred in a Japanese Rural Society: *Hill* und *König* 248–269; für Indien: *Milton Singer* (Hrsg.), Traditional India (Philadelphia 1959); *Elisabeth Camerling,* Über Ahnenkult in Hinterindien (Rotterdam 1928); für die alten Hebräer: *C. Grüneisen,* Der Ahnenkult und die Urreligion Israels (Halle 1900); für die alten Griechen und Römer: *E. Bethe,* Ahnenbild und Familiengeschichte bei Römern und Griechen (München 1935); für die Slawen: *E. Schneeweis,* Grundriß des Volksglaubens und Volksbrauchs der Serbokroaten (*Celje* 1935).

[47] Siehe *Goode,* Revolution 2; *König,* Familie *passim.*

[48] *George P. Murdock,* Africa (New York 1959); *Arthur Phillips* (Hrsg.), Survey of African Marriage and Family Life (London 1953); *A. R. Radcliffe-Brown* and *Daryll Forde,* African Systems of Kinship and Marriage (London 1956); *Goode,* Revolution 164–202.

[49] *Goode,* Revolution 254–256; *E. Kathlin Gough,* Changing Kinship Usages in the Setting of Political and Economic Change Among the Nayars of Malabar: Journal of the Royal Anthropological Institute 82 (1952) 71–87; *idem,* The Nayars and the Definition of Marriage: *ibidem* 89 (1959) 23–34; *idem,* Is the Family Universal? The Nayar Case: *Bell* und *Vogel* 76–92; *M. S. A. Rao,* Social Change in Malabar (Bombay 1957).

[50] Siehe schon *Malinowski,* Marriage 943.

[51] *Firth* 33–63; *Michel,* Notion de famille dans la législation 90, hat diese einseitige Konzeption des Ehebandes kritisiert.

[52] *Young* und *Wilmott; Young* und *Mildred Geertz,* Old Age in London and San Francisco: British Journal of Sociology 12 (1961) 124–141; *L. A. Shaw,* Impressions of Family Life in a London Suburb: The Sociological Review N. S. 2 (1954) 179–194.

[53] Siehe *J. Roscoe,* The Baganda (London 1911).

[54] *Margaret Mead,* Sex and Temperament in Three Primitive Societies (New York 1935).

[55] *Murdock,* Double Descent: American Anthropologist 42 (1940) 555–561.

[56] *Firth* 33–63.

[57] Die Häufigkeit und die Form der parallelen Vettern-Kusinen-Ehe variiert von Land zu Land, aber sie überlebt in manchen islamischen Kulturen bis heute, obwohl die Situation manchmal recht zweideutig geworden ist. Das ist vor allem dort der Fall, wo man die parallelen Vettern-Kusinen-Ehen als „veraltet" bezeichnet hat. Obwohl die Leute behaupten, daß sie der alten Regel nicht mehr folgen, heiraten sie noch immer die Töchter des Vaterbruders. Siehe *Goode,* Revolution 93–95. Siehe auch *Millicent R. Ayoub,* Endogamous Marriage in a Middle Eastern Village (Ph.D. Diss. Radcliffe College 1957); *Henri de Montety,* Les femmes de Tunisie (Paris 1958); *Frederik Barth,* Father's Brother's Daughter's Marriage in Kurdistan in: Southwestern Journal of Anthropology X (1954). Selbst in einem hochentwickelten Lande wie Algerien ist die Legitimität einer parallelen Vettern-Kusinen-Ehe niemals wirklich in Frage gestellt worden. Siehe *J.P. Charnay,* La vie musulmane en Algérie, d'après la jurisprudence de la première moitié du XXe siècle (Paris 1965); auch *G. Tillon,* Le harem et les cousins (Paris 1966) und *Fadéla M'rabet,* Les Algériennes (Paris 1967); *Nefissa Zerdoumi,* Enfant d'hier ... L'éducation de l'enfant en milieu traditionnel algérien (Paris 1970); *R. Descloitres* und *L. Debzi,* Système de parenté et structures familiales en Algérie (Aix-en-Provence 1965). Für Tunis siehe *Jean Duvignaud,* Chebika, Etude sociologique (Paris 1968); viel früher schon *J. Cuisenier,* L'Ansarine (Paris 1960). Das gleiche gilt bis heute in Afghanistan, siehe *Louis Dupree,* Afghanistan (Princeton, N.J. 1973) 198. Der wesentliche Grund für das Überleben dieser alten Sitte, die übrigens im Koran nicht vorkommt, ist rein ökonomischen Charakters. Sie verhindert daß das Familieneigentum in einer „exogamen" Ehe als Mitgift weggegeben wird. Das führt im Irak zu einer verminderten Mitgift (mahr) je nach der verwandtschaftlichen Stellung des Bräutigams. Sein Vater hat auch ein Vetorecht gegen eine exogame Ehe seiner Nichte. Diese letztere Information verdanke ich meinem Freund, Professor *Abdelwahab Bouhdiba* (Universität Tunis). Siehe auch *Ali Al-Wardi,* Soziologie des Nomadentums (Neuwied 1972) 243 ff. Im übrigen haben die Rechtshistoriker diese Einrichtung sehr weit zurückverfolgt: *Paul Koschaker,* Fratriarchat, Hausgemeinschaft und Mutterrecht in Keilschriftrechten: Zeitschrift für Assyriologie N.F. VII (1933) 1–89; *Jacques Numa Lambert,* Aspects de la civilisation à l'âge du fratriarchat (Alger 1958).

[58] *Thurnwald* 245–248.

[59] *Marcel Granet,* La polygynie sororale et le Sororat dans la Chine féodale (Paris 1920).

[60] *Murdock,* Contemporaries Kap. 2.

[61] *Thurnwald* Kap. 8.

[62] Für das alte Griechenland siehe *Numa Fustel de Coulanges,* La cité

antique (Paris 1864); siehe auch *Gustave Glotz*, La cité Grecque (Paris 1928). Für das alte Rom siehe *J. Declareuil*, Rome et l'organisation du droit (Paris 1924) 125–138. Das allgemeine Prinzip der Abstammung wurde von *Thurnwald* 182, 190 in folgender Weise definiert: „Soziologisch versteht man unter ‚Abstammung' die Überleitung von Würden, Rang und Eigentum, insbesondere die Methode, nach der ein Mensch einer sozialen Gruppe zugerechnet wird." Siehe auch *Murdock*, Structure 15: „A rule of descent affiliates an individual at birth with a particular group of relatives with whom he is especially intimate and from whom he can expect certain kinds of services that he cannot demand of nonrelatives, or even of other kinsmen." Siehe auch *Murdock*, Structure 43: „Descent refers solely to a cultural principle whereby an individual is socially allocated to a specific group of consanguineal kinsmen."

[62a] *Segalen*.

[63] *Thurnwald* 162, 177–181. Siehe auch *R. Middleton*, A Deviant Case: Brother-Sister and Father-Daughter Marriage in Ancient Egypt in *Coser*.

[64] Siehe *Irving Kaufman, Alice L. Peck* und *Conrado K. Tagiuri*, The Family Constellation and Overt Incestuous Relations between Father and Daughter: American Journal for Orthopsychiatry 24 (1954) 266–277.

[65] *Lévi-Strauss; Marcel Mauss*, Essai sur le Don forme archaïque de l'échange: ursprünglich Année Sociologique N.S. 1925; *Marcel Granet*, Catégories matrimoniales et relations de proximité dans la Chine ancienne (Paris 1939); *Stephens* 209–215. Siehe die interessante Bemerkung, daß der chinesische Kaiser Fu-hi sowohl die Ehe als auch das Geschenk erfunden hat; *Granet*, La civilisation chinoise 12.

[66] Siehe *Lévi-Strauss* Kap. 1: Nature et culture 1–12.

[67] Siehe *König*, Materialien: Alte Probleme und neue Fragen in der Familiensoziologie 131.

[68] Siehe *Goode*, Revolution.

[69] *Seiichi Kitano*, Dozoku and kindred in Japan: *Hill* und *König*

[70] *Gerritt A. Kooy*, Rural Nuclear Family Life in Contemporary Western Society: *Hill* und *König* 270–317.

[71] *Murdock*, Structure Kap. 2. Siehe auch *Dragomir Stojcevic*, „Adgnatus proximus": Droits de l'Antiquité et sociologie juridique (Mélanges de Henri Lévy Bruhl) (Paris 1959); *Andrée Michel*, Fonctions et structures de la famille: Cahiers internationaux de sociologie NS 7 (1960) 113–135.

[72] Schweizer Zivilgesetzbuch Art. 336–348.

[73] Siehe *Goode*, Revolution.

[74] Über die Großfamilie in slawischen Kulturen siehe *Paul Vinogradoff*,

Outlines of Historical Jurisprudence (2 Bde.) (Oxford 1920/22); für den Balkan siehe *Zdenko Vinski*, Die südslavische Großfamilie in ihrer Beziehung zum asiatischen Großraum (Zagreb 1938); auch *Sicard.*

[74a] *Segalen* 95 ff.

[75] *Goode,* Revolution 244; *M.S. Gore,* The Traditional Indian Family: *M.F. Nimkoff,* Comparative Family Systems (Boston 1965) 209–231, 212; *Henry Orenstein,* The Recent History of the Extended Family in India: Social Problems 8 (1961) 341–350; *K.M. Kapadia,* Marrriage and Family in India (2. Aufl. Bombay 1959); *T.N. Madan,* The Joint Family: *Mogey* (Hrsg.), Family and Marriage 7–16.

[76] *Goode,* Revolution 204.

[77] Siehe Anmerkung 46. Ferner *Marion J. Levy, Jr.,* Modern China; *Olga Lang,* Chinese Family and Society (New Haven 1946); *Wolfram Eberhard,* Research on the Chinese Family: Sociologus 9 (1959) 1–11. Für die hochkomplizierte Verwandtschaftsterminologie siehe *Lévi-Strauss,* Structures 381–485.

[78] Siehe *E. Stuart Kirby* (Hrsg.), Contemporary China I (Hongkong 1956); *idem,* The Enigma of the Communes: *E.S. Kirby* (Hrsg.), Contemporary China III (Hongkong 1960); *D.E.T. Luard,* The Urban Commune: The China Quarterly (1960); *C.K. Yang,* The Chinese Family in the Communist Revolution (Cambridge, Mass. 1959).

[79] *Goode,* Revolution 319/20; siehe auch *M.H. van der Valk,* An Outline of Modern Chinese Family Law (Peking 1939); *idem,* Conservatism in Modern Chinese Family Law (Leiden 1956); *W. Müller-Freienfels,* siehe Anmerkung 11 908.

[80] Siehe Anmerkungen 11 und 12.

[81] *König,* Materialien: Alte Probleme ...

[82] Das ist schon seit langem für die meisten jugoslawischen Zadrugas geschehen. Siehe *Sicard.*

[83] Siehe *G. Duby,* La société au XIe et XIIe siècles (Paris 1960); *Philippe Ariès,* L'enfant et la vie familiale sous l'Ancien Régime (Paris 1960); *Gaudemet; König,* Familie 210–213.

[84] *König,* Materialien: Alte Probleme ... 133 ff.

[85] *Norman B. Ryder,* The Reproductive Renaissance North of the Rio Grande: The Annals of the American Academy of Political and Social Science (1958), 18–24, 21. Neuere Zahlen *Ryder* und *Westoff,* Reproduction in the United States 1965 (Princeton, N.J. 1971).

[86] Magyar Statisztikai Zebkönyv 1972 (Budapest 1972) 53.

[87] *Neidhardt* 47. Siehe neuerdings dazu *Hermann Schubnell,* Der Geburtenrückgang in der Bundesrepublik Deutschland (Bonn 1973).

[88] Diese Definition wurde schon sehr früh geprägt von *Charles H. Coley,* Social Organization (New York 1909).

[89] *Parsons* und *Bales,* Family Kap. 2; *König,* Familie 182/3, 215, 220ff. Siehe auch *Leopold Rosenmayr,* Soziologie des Alters: *König* (Hrsg.), Handbuch der empirischen Sozialforschung II (Stuttgart 1969) 328ff.

[90] Siehe *Murdock,* Structure Kap. 1.

[91] *Linton,* The Study of Man Kap. 8.

[92] Siehe *Durkheim,* La famille conjugale; siehe auch *Davy. Goode,* Revolution 7 sagt sehr richtig, daß der Begriff „Gattenfamilie" nicht nur einen „Idealtyp" im Sinne von Max Weber darstellt, sondern auch ein „Ideal", das von einer wachsenden Zahl von Menschen als richtig und legitim angesehen wird, „no matter how reality may run counter the ideal".

[93] Dies Problem wurde zuerst hervorgehoben von *Westermarck,* History mit seiner berühmten Feststellung, daß „marriage is rooted in the family rather than the family in marriage". Siehe auch *Murdock,* Structure 1: „The family is to be distinguished from marriage, which is a complex of costums centering upon the relationship between a sexually associating pair of adults within the family."

[94] Siehe *Thurnwald* 90/91, der Martin Luther als Fürsprecher dieser Institution in seinem Buch über Ehe anführt; 137.

[95] Es ist interessant zu vermerken, daß das *Kanonische Recht* schon früh den „Konsens" beider Partner als notwendige Voraussetzung für eine legitime Ehe hervorgehoben hat, und das zu einer Zeit, wo sicher die meisten Ehen „arrangierte Ehen" waren. Dieser scheinbare Widerspruch ist aber leicht zu erklären mit Hilfe von Goodes Begriff der Gattenfamilie als „Ideal" (siehe oben Anmerkung 92). Das *Kanonische Recht* repräsentiert das Ideal während in der Wirklichkeit ganz andere Überlegungen darüber entscheiden, wer wen heiratet. Eine weitere Frage wäre die nach dem Adressaten des *Kanonischen Rechts,* das sich an die Armen und Entrechteten wandte, die immer in Kernfamilien gelebt und mehr oder weniger persönlich darüber entschieden haben, mit wem sie die Ehe eingehen wollten.

[96] *Goode,* Love 18–28.

[97] Siehe *Sing Ging Su,* The Chinese Family System (New York 1922) 54–64, insbes. 59 und 79. Siehe auch andere Quellen in Anmerkung 46.

[98] Die ältere amerikanische Familiensoziologie benutzte laufend den Begriff „Hotel Familie", siehe z.B. *Mabel A. Elliott* und *Francis E. Merrill,* Social Disorganization (4. Aufl. New York 1950). Eine interessante neuere Untersuchung von *Michel,* Enquête sur la vie familiale des locataires des hôtels meublés de la Seine: Cahiers Internationaux de Sociologie 29 (1960) 153–176.

[99] Siehe das alte Buch von Richter *Benjamin Lindsey,* The Revolt of Modern Youth (New York 1925), das in der ganzen Welt diskutiert wurde und vielleicht mehr als irgend ein anderes Werk zur Verbreitung dieser neuen Ideen beigetragen hat.

[100] Siehe *Thurnwald* 95 ff.

[101] *Napolitano* (siehe oben Anm. 11) 75, 76, 91.

[102] *Thurnwald* 95 ff.

[103] *Lévi-Strauss; Thurnwald.*

[104] Siehe *Paul Koschaker*, Die Eheformen bei den Indogermanen: Rabels Zeitschrift für ausl. und intern. Privatrecht 11 (1937); *Rudolf Köstler*, Raub-, Kauf- und Friedelehe bei den Germanen: Zeitschr. der Savigny-Stiftung für Rechtsgeschichte, Germanist. Abt. (1943).

[105] Siehe *Thurnwald* 104–112.

[106] Siehe N. W. *Thomas*, Kinship Organization and Group Marriage in Australia (London 1906); *Malinowski*, Family; *idem*, Sex; The Sexual Life of Savages in Northwestern Melanesia (London 1926); *Thurnwald* 120–132.

[107] Siehe *Davy*.

[108] *König*, Ehe und Ehescheidung: *Bernsdorf* (Hrsg.), Wörterbuch der Soziologie (2. Aufl. Stuttgart 1969) 197–207, 200.

[109] Siehe *Murdock*, Structure 24: „The polygamous family can appear, of course, only in societies which permit plural marriages. It cannot coexist with strict monogamy which prevails in 43 societies of our sample as opposed to 195 which allow at least limited plural marriage.“

[110] Siehe *Goode*, Revolution 101–104. Die verschiedenen von ihm angeführten Quellen zeigen deutlich, daß die Polygynie auf gewisse soziale Klassen beschränkt und schon im Verschwinden war, als sie entweder gesetzlich untersagt oder gewissen Bedingungen unterworfen wurde (wie z.B. in Syrien, wo ein Mann *beweisen* muß, daß er zwei Frauen unterhalten kann). Eine andere Lösung wird aus der Türkei berichtet, wo zur Umgehung des neuen Eherechts Bauern in Anatolien sich von einer ersten Frau scheiden lassen, sie aber im Hause behalten und eine zweite heiraten. Die Ursache dafür ist rein ökonomisch, weil in diesem Falle zwei Frauen zwei billige Arbeitskräfte bedeuten.

[111] Dieser Begriff der „zweiten Geburt“ wurde eingeführt durch *König*, Materialien 102, 109. Siehe auch *Claessens*, Familie und Wertsystem 62–99.

[112] Diese Probleme wurden in weiten Kreisen diskutiert unter dem Einfluß von *René Spitz*, Hospitalism: *Coser*. Siehe auch W. *Brezinka*, Frühe Mutter-Kind-Trennung: Die Sammlung 14 (1959) 88–101. Es scheint, daß sich auch manche Primaten schlechter entwickeln, wenn sie ohne Mutter aufwachsen; siehe *H.F. Harlow* und *H.K. Harlow*, Social Deprivation of Monkeys: *Goode*, Readings. Siehe auch *P.H. Mussen*, *J.J. Conger* und *J. Kagan*, Child Development and Personality (2. Aufl. New York 1963) 162–171.

[112a] Siehe dazu *Koschorke* und *Toman*.

[113] Siehe *König*, Familie 244–251; siehe auch *Blood, Jr.* und *Wolfe*. *Roy H. Rogers*, Improvements in the Construction and Analysis of Family Life Cycle Categories (Kalamozoo, Mich. 1962); *idem*, The Developmental Conceptual Framework to the Study of the Family: *Nye* und *Berardo* (Hrsg.), Conceptual Frameworks.

[114] Siehe *Hill*, Decision-Making and the Family Life Cycle: *Shanas* und *Streib*. Siehe auch *Michel* Anmerkung 25, 99–105. Sie stellt zwei Familientypen einander gegenüber, die Familie, die auf Blutsgemeinschaft gründet, und die Familie, die auf einen persönlichen Entschluß zurückgeht.

[115] Es mag keine rechtliche Handhabe für diese Tendenz des Rechts geben. Wir können aber aus dem Umstand, daß das Recht in den meisten modernen Gesetzbüchern über so viele Punkte schweigt, die früher durch ausdrückliche Regeln bestimmt waren, schließen, daß diese besonderen Formen des Verhaltens der Diskretion der Beteiligten überlassen bleiben.

[116] Siehe *Durkheim*, La famille conjugale.

[117] Siehe *König*, Familie 173/4, 205.

[118] So seltsam es auch scheinen mag, die Bedeutung dieses Faktors ist meist unterschätzt worden, wenn man die Funktionen revolutionärer Bewegungen in Gesellschaften mit erweiterten Familien bedachte. Hier wurde die Individualisierung der Familie mit allen ihren Konsequenzen für die Frauen und Kinder in den Dienst einer Mobilisierung aller verfügbaren Arbeitskräfte für das wirtschaftliche Wachstum gestellt. Darum bedeutet auch Gleichberechtigung von Mann und Frau vor allem gleiche Chancen für beide Geschlechter in der Erwerbstätigkeit. Das gilt für die Sowjetunion, für die DDR und natürlich für das moderne China. Speziell in der Phase des „Großen Sprunges" war das Hauptziel der Partei und des Staates die Mobilisierung der Bevölkerung für die wirtschaftliche Entwicklung. Das ist auch der Grund, warum man sagen kann, daß das letzte Ziel des chinesischen Familienrechts seit den fünfziger Jahren die wirtschaftliche Entwicklung und die Überwindung des Familienparasitismus gewesen ist.

[119] *Robert M. MacIver*, The Elements of Social Science (London 1921) 162.

[120] Siehe *König*, Materialien: Alte Probleme ...

[121] Siehe z.B. *Malinowski*, Marriage 930: „The further advanced the animal in the order of evolution, the longer the immaturity and helplessness of the young and the greater the need for prolonged parental care and training."

[122] Siehe *Claessens*.

[123] Die interessanteste Forschung auf diesem Gebiet wurde seit den dreißiger Jahren unter Einfluß von *Ralph Linton* in den Vereinigten Staaten durchgeführt. Führend wurde hierbei die Kulturanthropologie. Wir erwähnen nur *Clyde Kluckhohn*, *Henry A. Murray* und *David M. Schneider*

(Hrsg.), Personality in Nature, Society and Culture (2. Aufl. New York 1953); *Abraham Kardiner*, The Individual and His Society (New York 1939); *idem, R. Linton, C. du Bois* und *J. West*, The Psychological Frontiers of Society (New York 1945); *Douglas G. Haring* (Hrsg.), Personal Character and Cultural Milieu (revidierte Aufl. Syracuse 1949); in Europa *Hans Christoffel*, Trieb und Kultur (Basel 1944). Siehe auch die Beiträge von *Ruth Benedict, Margret Mead* etc. Siehe neuerdings *René König* und *Axel Schmalfuß* (Hrsg.), Kulturanthropologie, Düsseldorf 1972.

124 Die Literatur über Sozialpsychologie der Familie ist mit den Jahren unendlich angewachsen. Daher verweisen wir den interessierten Leser auf die entsprechenden Bibliographien. Siehe z.B. *Edward Zigler* und *Irvin L. Child*, Socialization: *Gardner Lindzey* und *Elliot Aronson* (Hrsg.), The Handbook of Social Psychology III (2. Aufl. Reading, Mass. 1969) 450–589). Siehe auch *John A. Clausen* (Hrsg.), Socialization and Society (Boston 1968); *David A. Goslin* (Hrsg.), Handbook of Socialization: Theory and Research (Chicago 1969); *Elton B. McNeil*, Human Socialization (Belmont, Cal. 1969); *Roland A. Hoppe, G. Alexander Milton* und *Edward C. Simmel* (Hrsg.), Early Experiences and the Processes of Socialization (New York und London 1970); zur Einführung *Walter R. Heinz*, Sozialisationsforschung auf der Suche nach Theorie: Kölner Zeitschrift für Soziologie und Sozialpsychologie 26 (1974). Neuerdings in Deutschland *Wilfried Gottschalch* u.a., Sozialisationsforschung (Frankfurt 1971).

125 Siehe *Morris Zelditch, Jr.*, Role Differentiation in the Nuclear Family: *Parsons* und *Bales* 307–351. Diese mehr theoretischen Überlegungen wurden durch die Forschung bestätigt. Siehe *Edward C. Devereux, Jr., Urie Bronfenbrenner* und *George C. Suci*, Patterns of Parent Behavior in the United States of America and the Federal Republic of Germany: International Social Science Journal 14 (1962/3) 488–506.

126 Siehe *Mitscherlich*, Der unsichtbare Vater: Kölner Zeitschrift für Soziologie und Sozialpsychologie 7 (1955) 188–201; *idem*, Auf dem Wege zur vaterlosen Gesellschaft. Die Konsequenz, daß Kinder in einer überwiegend weiblichen Gesellschaft aufwachsen, ist mit Recht hervorgehoben worden von *M. Levy, Jr.*, Geschlecht, Generation und Modernisierung: Sonderheft 14 Kölner Zeitschrift für Soziologie und Sozialpsychologie; *Günther Lüschen* und *Eugen Lupri* (Hrsg.), Soziologie der Familie (Opladen 1970) 433–442.

126a Siehe *König*, Überorganisation der Familie: Materialien. Außerdem *Horst-Eberhard Richter*, Eltern, Kind und Neurose (Hamburg 1969); *idem*, Patient Familie (Hamburg 1972).

127 Siehe *Robert R. Sears*, The Ordinal Position in the Family as a Psychological Variable: American Sociological Review 15 (1950) 397–401.

128 Schon sehr früh *Alfred Adler*, Menschenkenntnis (5. Aufl. Zürich

1947, 1. Aufl. 1925). Heute hat *Toman* diese Behandlungsweise beachtlich weiter entwickelt.

129 Zum Beispiel *Elisabeth Diakonowa* (1902).

130 Unglücklicherweise gibt es noch keine zuverlässigen Untersuchungen über den Selbstmord in Gesellschaften der Dritten Welt, obwohl es bezeichnend ist, daß Indien 1967 ein Verhältnis von 58,1 gegen 41,9 männlicher und weiblicher Selbstmorde hatte, während in den Industriegesellschaften die Differenz viel größer sein würde. Siehe dazu *Central Bureau of Investigation,* Ministry of Home Affairs, Accidental Deaths and Suicide in India 1967 (New Delhi 1969); siehe auch *Cornelius S. Kruijt,* Zelfmoord (Suicide) (Assen 1966) über das durchschnittliche Verhältnis männlicher und weiblicher Selbstmorde in Industriegesellschaften. Siehe auch *Goode,* Revolution 1975, 264, 276, 278, 309–312, Ähnlich schon früh die türkische Forscherin *Nezahat Tanç,* Note sur la famille Turque et les taux de suicides de gens mariés: Transactions of the Third World Congress of Sociology (Bd. IV) (London 1956) 113–115. In Nordafrika kann man neuerdings von eigentlichen Selbstmordepidemien junger Mädchen vom Lande sprechen, was in Tunesien zu einer Aufsehen erregenden Diskussion geführt hat.

131 Der italienische Statistiker *Franco Rodolfo Savorgnan,* La scelta matrimoniale (Ferrara 1924) konnte schon sehr früh zeigen, daß höhere Korrelationen bei Ehen zwischen Nationalität, Geburtsort, Konfession der Partner aufweisbar waren, als man rein statistisch hätte erwarten können. *Burgess* und *Locke* zitieren schon mehr als hundert Untersuchungen dieser Art. *Burgess* und *Wallin* zeigen die Bedeutung von Verabredungen, festen Verhältnissen und Verlobungen für diesen Selektionsprozeß. Mit der Annahme, daß homogame Ehen länger dauern, haben *Burgess* und *Cottrell, Jr.* eine lebhafte Diskussion ausgelöst. Eine gute bibliographische Übersicht bei *Peter Jakobson* und *Alan Matheney, Jr.,* Selection in Open Marriage Systems: *Mogey,* Family. Eine bedeutende Studie des französischen Demographen *Girard* zeigt das andauernde Interesse an diesem Problem (1964). Siehe auch die belgischen Untersuchungen von *Henryon* und *Lambrechts* und von *Henryon* und *Ada Brutus-Garcia,* Distance socio-culturelle au mariage: Recherches sociologiques 1 (1970) 72–90. Das theoretische Problem aller dieser Untersuchungen ist zu wissen, ob diese Begriffe nur deskriptiv oder explikativ sind. Diese Frage ist noch immer offen. Bei *Annerose Schneider* eine interessante und differenzierte Analyse verwandtschaftlicher und freundschaftlicher Verkehrskreise.

132 *J. Denis,* Les villes d'Afrique tropicale: Civilisations 16 (1966) 21–41; *A. I. Richards,* Multi-tribalism in African Urban Areas: *ibid.* 254–364.

133 Siehe insbesondere *Winch,* Mate. Siehe auch *Thomas Ktsanes* und *Virginia Ktsanes,* The Theory of Complementary Needs in Mate Selection: *Winch* und *Barringer* 517–532.

[134] *Alan C. Kerckhoff*, Notes and Comments on the Meaning of Residential Propinquity as a Factor in Mate Selection: Social Forces 34 (1956) 207–213; *idem*, Patterns of Homogamy and the Field of Eligibles: ibid. 42 (1964) 289–297; *idem* und *Keith E. Davis*, Value-Consensus and Need-Complementary in Mate Selection: American Sociological Review 27 (1962) 295–303.

[135] Diese Hypothese wurde formuliert von *Burgess* und *Cottrell, Jr.*

[136] *Leopold Szondi*, Schicksalsanalyse (3. Aufl. Basel 1963); *idem*, Contributions to Fate Analysis of Marriages: Acta Psychologica 3 (1937) 1–80.

[137] Siehe *Westermarck*, The Future.

[138] *Kinsey* u. a., Male; *idem*, Female.

[139] Siehe *Malinowski*, Sex.

[140] *Claire Le Plae*, Les fiançailles (Louvain 1947); *Institut Français d'opinion publique*, Patterns of Sex and Love: A Study of the French Woman and Her Morals (New York 1961); *Baumert*, Jugend der Nachkriegszeit (Darmstadt 1952); *Himelhoch* und *Fleis Fava; Slater* und *Woodside; Sidney H. Croog*, Aspects of the Cultural Background of Premarital Pregnancy in Denmark: Social Forces 30 (1951) 215–219; *idem;* Premarital Pregnancies in Scandinavia and Finland: American Journal of Sociology 57 (1952) 358–365; *A. Nieminen*, Premarital Pregnancy in Finland: Acta Sociologica (1964) 225–228; *Kooy* und *Keuls*, Enforced Marriages in the Netherlands (Wageningen 1967) 1–53.

[141] *Havelock Ellis*, Studies in the Psychology of Sex, Bd. 4: Sex in Relation to Society (New York 1936, zuerst veröffentlicht 1910).

[142] Siehe Tabelle II–7 in *Goode*, Revolution 49.

[143] *Henryon* und *Lambrechts*.

[144] *Harold T. Christensen*, Cultural Relativism and Premarital Sex Norms: American Sociological Review 25 (1960) 31–39; *idem*, Value Variables in Pregnancy Timing: *Anderson* III 29–45.

[145] *König*, Materialien: Stellung der Frau 288, 318/9; Familie 263.

[146] Siehe *Kooy* und *Keuls* Anm. 140.

[147] Siehe *Goode*, Revolution 32. Siehe auch *Michel* Anmerkung 25, 92–95.

[147a] Siehe *Schubnell* (Anm. 87).

[148] Siehe *Lader*.

[149] Siehe *W. Lenin* und *J. Stalin*, Über die Jugend (Moskau 1937) 103 ff.

[150] *James S. Bossard*, The Law of Family Interaction: American Journal of Sociology 50 (1945) 212–294.

[151] Siehe *Alan E. Bayer*, The Psychoanalytic Frame of Reference in Family Study: *Nye* und *Berardo;* siehe auch *Toman*, Family Constellation

as a Basic Personality Determinant: Journal of Individual Psychology 15 (1959) und *idem,* Family Constellation; neuerdings *Toman* und *Preiser.*

152 Für Schweden: *Dahlström;* für Finnland: *Elena Visuri,* Poverty and Children. A Study of Family Planning (Helsinki 1969); für Westdeutschland: *Schmucker;* für England: *Hilary Land,* Large Families in London. A Study of 86 Families (London 1969); für Frankreich: *Paul Paillat,* Influence du nombre d'enfants sur le niveau de vie de la famille. Evolution en France de 1950 à 1970: Population 26 (1971) 13–36.

152a So auch *Schubnell* 32ff. (Anm. 87).

153 Es ist unmöglich, eine Übersicht der überaus reichen Literatur auf diesem Gebiet zu geben. Darum beschränken wir uns auf ein paar Quellenwerke, in denen der interessierte Leser weitere Hinweise über die relevanten Probleme finden kann. Siehe als allgemeine Einleitung *Ronald Freedman,* Fertility: International Encyclopedia of the Social Sciences (New York 1968) V, 371–382. Für die Vereinigten Staaten: *Norman B. Ryder* und *Charles F. Westoff,* Reproduction in the United States 1965 (Princeton, N.J. 1971); *Gerhard E. Lenski,* The Religious Factor. A Sociological Study of Religion's Impact on Politics, Economics, and Family Life (2. Aufl. Garden City, N.J. 1963); *Pascal K. Whelpton* und *Clyde V. Kiser,* Social and Psychological Factors Affecting Fertility 5 Bde. (New York 1943–1958). Für Frankreich: *Institut National d'Etudes Démographiques,* Fécondité des mariages (Paris 1953); für England: *David V. Glass* und *D.E.C. Eversley,* Population in History (London 1965); für Westdeutschland: *Karl Martin Bolte* und *Dieter Kappe,* Struktur und Entwicklung der Bevölkerung (Opladen 1964). Für die unterentwickelten Länder: *R. Freedman,* Norms for Family Size in Underdeveloped Areas: Royal Society of London Proceedings Series B 159 (1963) 220–245; *Moni Nag,* Factors Affecting Human Fertility in Non-Industrial Societies (New Haven 1962); *Frank Lorimer,* Culture and Human Fertility (Paris 1954). Allgemeine Literatur: *Goode,* Revolution 50–54 und passim; *R. Freedman,* The Sociology of Human Fertility. A Trend Report and Bibliography: Current Sociology 10 (1961) 35–121.

154 Siehe *Mackenroth,* Die generative Struktur von Bevölkerungen und Sozialschichten: Weltwirtschaftliches Archiv 75, II (1955) 1–18; Bevölkerungslehre. Theorie, Soziologie und Statistik der Bevölkerung (Berlin-Göttingen-Heidelberg 1953).

154a Siehe dazu *Schubnell* 34ff. (Anm. 87). Früher schon *König,* Materialien.

155 Siehe für die USA: *Charles F. Westoff, Robert G. Potter, Jr.,* und *Philip C. Sagi,* The Third Child. A Study in the Prediction of Fertility (Princeton, N.J. 1963); *Ronald Freedman, Pascal K. Whelpton* und *Arthur A. Campbell,* Family Planning, Sterility and Population Growth (New York 1959); für Westdeutschland: *R. Freedman, G. Baumert* und *K.M. Bolte,*

Expected Family Size and Family Size Values in West Germany: Population Studies 13 (1959) 136–150; für die Schweiz: *Andreas Miller,* Die gewünschte Kinderzahl und die ideale Familiengröße: Zürcher Statistische Nachrichten 40 (1963) 107–122; für das frankophone Kanada: *Colette Carisse,* Planification des naissances en milieu Canadien Français (Montreal 1964); für Japan: *Jean Stoetzel,* Without the Chrysanthemum and the Sword (London 1955); vergleichende Untersuchung: *Lincoln Day* und *Alice Taylor Day,* Family Size in Industrialized Countries: An Inquiry into the Social Cultural Determinants of Levels of Childbearing: Journal of Marriage and the Family 31 (1969).

156 *Eugene Litwak,* The Use of Extended Family Groups in the Achievement of Social Goals: Social Problems 7 (1959/60) 177–187; *idem,* Geographical Mobility and Extended Family Cohesion: American Sociological Review 25 (1960) 385–394; *idem,* Occupational Mobility and Extended Family Cohesion: American Sociological Review 25 (1960) 9–21; *idem,* Extended Kin Relations in an Industrial Democratic Society: *Shanas* und *Streib* 290–325; *idem,* Technological Innovation and Ideal Forms of Family Structure: *Hill* und *König* 348–396; *Marvin B. Sussman,* The Help Pattern in the Middle Class Family: American Sociological Review 18 (1953) 22–28; *idem,* The Isolated Nuclear Family: Fact or Fiction?: Social Problems 7 (1959) 33–40; *idem,* Relationships of Adult Children with their Parents in the United States: *Shanas* und *Streib* 62–92; *idem* und *Lee G. Burchinal,* Parental Aid to Married Children: Marriage and Family Living 24 (1962) 320–332; *idem,* Kin Family Network: Marriage and Family Living 24 (1962) 231–240; *idem* und *Sherwood B. Slater,* Re-appraisal of Urban Kin Networks: American Sociological Association 1963. Für eine allgemeine Bewertung des Problems siehe *König,* Familie 199, 215; *Leopold Rosenmayr,* Soziologie des Alters: *König* (Hrsg.), Handbuch der empirischen Sozialforschung II (Stuttgart 1969) 334–336; *Shislaine Hoffmann,* Famille nucléaire isolée ou famille élargie modifiée: Recherches sociologiques 1 (1970) 91–119.

157 Siehe *Michel,* La famille urbaine et la parenté en France: *Hill* und *König* 410–441. Eine positivere Situation scheint in Westdeutschland vorzuwiegen: *Neidhardt* 35/36; für England: *Bott;* für Belgien: *J. Remy,* Persistance de la famille étendue dans un milieu industriel urbain: Revue Française de sociologie 7 (1967) 493–505.

158 *Michael Young* und *Peter Wilmott,* Family and Kinship. An Enquiry in East London (London 1957); *Peter Wilmott* und *Michael Young,* Family and Class in a London Suburb (London 1960).

159 *Enrico L. Quarantelli,* A Note on the Protective Function of the Family in Disasters: Marriage and Family Living 22 (1960).

160 Siehe *Rodney Needham,* Remarks on the Analysis of Kinship and

Marriage: R. *Needham* (Hrsg.), Rethinking Kinship and Marriage (London 1971) 6/7. „In classical Greek, as Aristotle observed, ‚the union of man and woman has no name' (Politics, I, 3, 2). Even though marriage was essential for the preservation of the ‚houses' (oikoi), which were the constituent elements of the Athenian city-state, there was no single word which could be taken to stand for ‚marriage' ... One wonders, therefore, how many other societies make no lexical recognition of that institution which has so commonly been regarded in anthropology as categorically essential and universal."

[161] *Stephens* 237. Siehe auch *James L. Gibbs,* Marital Instability among the Kpelle: American Anthropologist 65 (1963).

[162] *Stephens* 233. Obwohl ein Nuer-Mann im Sudan Scheidung verlangen kann, wenn er den Ehebruch seiner Frau entdeckt, wird er es nur selten tun, „unless she persists in adultery either with one man or with a number of men". Siehe dazu *Howell,* A Manual of Nuer Law (London, New York, Toronto 1954) 141. Siehe auch bei *M. Fortes,* The Dynamics of Clanship Among the Tallensi (London 1945); dito *Bohannan,* Justice and Judgment Among the Tiv (London 1957).

[163] *Beatrice M. Blackwood,* Both Sides of Buka Passage (New York 1935) 117.

[164] Siehe das sowjetische Familienrecht in der Fassung vom 12. Februar 1968. Erster Teil, Kap. 4, Art. 17–21.

[165] *Heinrich Vedder,* Die Bergdama (Leipzig 1923) 54.

[166] *Stephens* 231.

[167] *Thurnwald* 76.

[168] *Ruth M. Underhill,* Social Organization of the Papago Indians (New York 1939).

[169] *Verrier Elwin,* The Muria and Their Ghotul (Bombay 1947) 635.

[170] *Thurnwald* 78.

[171] *Stephens* 231. Eine jüngste französische Untersuchung zeigt, wie stark noch immer in der Bevölkerung die Vorstellung der Scheidung als Bestrafung ist (*A. Boigeol* u.a. 105).

[172] *Rheinstein* 407/408.

[173] Siehe *Patai,* Sex and Family in the Bible and the Middle East (Garden City, N.Y 1959) 121.

[174] Siehe *Lichtenberger; Hobhouse; Marianne Weber,* Ehefrau und Mutter in der Rechtsentwicklung (Tübingen 1907).

[175] *Rheinstein* 51–105.

[176] Dieser Trend zur Wiederverheiratung begann sehr früh, wie eine ältere deutsche Quelle zeigt; siehe *Annemarie Niemeyer,* Zur Struktur der Familie. Statistische Materialien (Berlin 1931) 43/44.

[177] *Oliver R. McGregor*, Divorce in England. A Centenary Study (Melbourne, London, Toronto 1957) 39/40.

[178] *Statistisches Bundesamt* (Hrsg.), Heiratstafeln für Ledige, Verwitwete und Geschiedene (Wiesbaden 1962) 712. Siehe auch *Neidhardt* 64.

[179] *Rheinstein* 261–276.

[180] Siehe *Schlesinger* 380 n. 4.

[181] *Jessie Bernard*, Remarriage. A Study of Marriage (New York 1956).

[182] *Thomas P. Monahan*, The Duration of Marriage to Divorce: Second Marriages and Migratory Types: Marriage and Family Living 21 (1959); *idem*, How Stable are Remarriages?: American Journal of Sociology 58 (1952) 280–288; *Paul Landis*, Sequential Marriages: Journal of Home Economics 42 (1950) 628; *Goode*, Divorce 334.

[183] Dies wurde für die Schweiz gezeigt von *F. Buomberger*, Die Schweizerische Ehegesetzgebung im Lichte der Statistik (2. Aufl. Freiburg 1901) Tabelle IX. Fast die Hälfte aller geschiedenen Männer heiratete im Laufe eines Jahres, 43% der geschiedenen Frauen. Diese Tatsachen bestätigen *Rheinsteins* Behauptung (282/283), die auf *Goode*, Divorce Kap. XIX gegründet ist.

[184] *Goode*, Divorce 279.

[185] *Goode*, Die Struktur der Familie (2. Aufl. Köln 1966) 103.

[186] *Rheinstein* 268.

[187] *Pál Löcsei*, Rechtlich Geschiedene und tatsächlich Geschiedene im II. Budapester Bezirk: Kölner Zeitschrift für Soziologie und Sozialpsychologie 19 (1967) 672–697; hier 672, 687.

[188] *Takeyoshi Kawashima* und *Kurt Steiner*, Modernization and Divorce Rate Trends: Economic Development and Cultural Change 9 (1960) 2, 14–15.

[189] *Rheinstein* Kap. V, 109–125.

[190] *Rheinstein* 8.

[191] *Rheinstein* Kap. VII, 158–193.

[192] *Rheinstein* 179.

[193] *Rheinstein* 159.

[194] *Rheinstein* 277–307.

[195] *Rheinstein* 186.

[196] *Rheinstein* 281.

[197] *Rheinstein* 183.

[198] Für Schweden siehe *Rheinstein* Kap. VI; für Japan *Rheinstein* Kap. V.

[199] Siehe *König*, Familie; *Wolf*, *Lüke* und *Hax* 54ff., 174ff.; *Rheinstein* 293–304.

[200] Siehe *Lichtenberger; Alfred Cohen*, Statistical Analysis of American Divorce (1932).

[201] *Rheinstein* 267/268.

[202] *Stephens* 235/236.

[203] *Carl Haffter*, Kinder aus geschiedenen Ehen (2. Aufl. Bern 1960).

[204] *Stephens* 233.

[205] *Rheinstein* 270/271.

[206] Siehe schon *Leonard T. Hobhouse* u.a., The Material Culture of Social Institutions of Primitive Peoples (London 1930) 159ff.; *Murdock*, Family Stability in Non-European Cultures: Annals of the American Academy 272 (1950) 195–201.

[207] *Alfred R. Radcliffe-Brown* und *Darryll Forde*, African Systems of Kinship and Marriage (London 1950); *Arthur Phillips*, Survey of African Marriage and Family Life (London 1953).

[208] *Goode*, Revolution 195–199.

[209] *Stephens* 233–235.

[210] *Cora Dubois*, The People of Alor (Minneapolis 1944) 97.

[211] *Waldemar Bogoras*, The Chukchee, Teil 3, Memoirs of the American Museum of Natural History, Bd. II (New York 1909) 598.

[212] *Mischa Titiev*, Old Oraibi (Cambridge, Mass. 1944) 38.

[213] *Diamond Jenness*, The Life of the Copper Eskimos (Toronto 1922) 160.

[214] *Kingsley Davis*, Children of Divorce: Law and Contemporary Problems 10 (1944).

[215] Wie schon früher hervorgehoben von *Judson T. Landis*, Some Aspects of Family Instability in the United States: Transactions of the Third World Congress of Sociology (Bd. IV) (London 1956) 174–179.

[216] *Goode*, Divorce Kap. VIII.

[217] *Goode*, Divorce Kap. X.

[218] *Goode*, Divorce Kap. XI; *Bernard* Anmerkung 181, 103.

[219] *Jan Górecki*, Divorce in Poland (Den Haag, Paris 1970).

[220] *König*, Materialien 18.

[221] *Rheinstein* 267–272.

[222] *William F. Ogburn* und *Meyer F. Nimkoff*, Technology and the Changing Family (Cambridge, Mass. 1955) 5.

[223] *Mabel A. Elliott* und *Francis E. Merrill*, *Social* Disorganization (2. Aufl. New York 1941) 738/739.

[224] *Gerhard Baumert*, Some Observations in Current Trends in the German Family: Transactions of the Third World Congress of Sociology Bd. 4 (London 1956).

[225] Die Differenz dieser Zahl im Vergleich zu der in Tabelle 9 geht darauf zurück, daß nach der Veröffentlichung von Baumerts Aufsatz West Berlin

durch das Bundesamt für Statistik eingeschlossen worden ist. Auf Grund der hohen Scheidungszahlen für West Berlin im gleichen Jahr (443 auf 100000 Bev.) ist die allgemeine Zahl für die Bundesrepublik belastet worden.

[226] *Hill,* Families under Stress.

[227] *Marie Jahoda, Paul F. Lazarsfeld* und *Hans Zeisel,* Die Arbeitslosen von Marienthal (Leipzig 1933; 2. Aufl. Bonn 1960); *Robert C. Angell,* The Family Encounters the Depression (New York 1936); *Ruth Cavan* und *K.A. Rank,* The Family and the Depression (Chicago 1938); *Winora L. Morgan,* The Family Encounters the Depression (Minneapolis 1939); *E. W. Bakke,* The Unemployed Worker (New Haven 1940); *Mirra Komarowsky,* The Unemployed Man and his Family (New York 1940).

[228] *Gerhard Lenski,* The Religious Factor. A Sociological Study of Religion's Impact on Politics, Economics, and Family Life (Garden City, New York 1961) Kap. 3, Kap. 5, 197/198.

[229] *König,* Materialien: Sozialer Wandel ...

[230] *E.E. Le Masters,* Parenthood as Crisis: Marriage and Family Living 19 (1957).

[231] *Goode,* Revolution 85; *Bernard* Anmerkung 172, 103.

[232] *Goode,* Divorce Kap. XI. 133ff.

[233] *Goode,* Divorce 185.

[234] Siehe Anmerkung 194.

[235] *König,* Familie 281/282.

[236] *Goode,* Divorce Kap. XXI, 314/315.

[237] *Joanna C. Colcord,* Broken Homes (New York 1919); *Ernest R. Mowrer,* Family Disorganization (2. Aufl. Chicago 1939).

[238] *Goode,* Divorce 203.

[239] *Emile Durkheim,* Suicide. Etude de sociologie (Paris 1897), dtsche Übers. Neuwied Berlin 1973.

[240] *Emilio Willems,* On Portuguese Family Structure; *J. Mogey,* Family and Marriage 70.

[241] *König,* Familie 262.

[242] *Krause* 8, 257ff.

[243] *Krause* 258 Anmerkung 3.

[244] *König,* Familie 264.

Ausgewählte Literatur

1. *Bibliographien*

Harold T. Christensen (ed.), Handbook of Marriage and the Family (Chicago 1964).

Reuben Hill und Richard L. Simpson, Marriage and Family Sociology: *Hans L. Zetterberg* (Hrsg.), Sociology in the United States of America (Paris 1956) 93–100.

Reuben Hill, Sociology of Marriage and Family Behavior, 1945–1957 (A Trend Report and Bibliography): Current Sociology 7 (1958) 1–98.

Institut National d'Etudes Démographiques (INED), Famille, mariage, divorce: Population 26 (1971) 9–258.

René König, Familie und Familiensoziologie: *Wilhelm Bernsdorf* (Hrsg.) Wörterbuch der Soziologie (2. Aufl. Stuttgart 1969) 247–262.

Claire Leplae, La sociologie de la famille en Belgique 1957–1968: Recherches sociologiques 1 (1970) 5–43.

Andrée Michel, Bibliographie annotée sur le thème: Famille, industrialisation, urbanisation: Current Sociology 12 (1963/1964) 107–122.

John Mogey, Sociology of Marriage and Family Behavior 1957–1968 (A Trend Report and Bibliography): Current Sociology 17 (1970) 1–346.

F. Ivan Nye und Felix M. Berardo (Hrsg.), Emerging Conceptual Frameworks in Family Analysis (New York 1966).

Georg Schwägler, Soziologie der Familie, Ursprung und Entwicklung (2. Aufl. Tübingen 1975).

2. *Theorien, Quellen und Forschung*

Nels Anderson (Hrsg.), Recherches sur la famille I (Tübingen 1956), II und III (Göttingen 1957/1958).

Ruth Anshen (Hrsg.), The Family and its Destiny (New York 1948).

Gerhard Baumert, Deutsche Familien nach dem Kriege (Darmstadt 1954).

Norman W. Bell und Ezra F. Vogel (Hrsg.), A Modern Introduction to the Family (Glencoe, Ill. 1960).

Robert R. Bell (Hrsg.), Studies in Marriage and the Family (New York 1968).

Robert O. Blood, Jr., und Donald M. Wolfe, Husbands and Wives. The Dynamics of Married Life (Glencoe, Ill. 1960).

Anne Boigeol, Jacques Commailles, Marie-Laurence Lamy, Alain Mounier und *Louis Roussel,* Le divorce et les Français. I. Enquête d'opinion (Paris 1974).

Elisabeth Bott, Family and Social Networks (London 1957, 2. Aufl. 1973).

Ernest W. Burgess und Leonard A. Cottrell, Jr., Predicting Success and Failure in Marriage (Englewood Cliffs, N.J. 1939).

Ernest W. Burgess und Harvey Locke, The Family from Institution to Companionship (New York 1945).

Ernest W. Burgess und Paul Wallin, Engagement and Marriage (Philadelphia 1953).

Paul-Henry Chombart de Lauwe, La vie quotidienne des familles ouvrières (Paris 1956).

Dieter Claessens, Familie und Wertsystem (2. Aufl. Berlin 1967).

Rose L. Coser (Hrsg.), The Family. Its Structure and Function (New York 1964).

Edmund Dahlström, The Changing Role of Men and Women (London 1967).

Georges Davy, La famille et la parenté selon Durkheim: *G. Davy,* Sociologues d'hier et d'aujourd'hui (2. Aufl. Paris 1950).

Emile Durkheim, La famille conjugale: Revue Philosophique 90 (1921) 2–14.

Raymond Firth (Hrsg.), Two Studies of Kinship in London (London 1956).

Clellan S. Ford und Frank A. Beach, Patterns of Sexual Behavior (New York 1951).

Jean Gaudemet, Les communautés familiales (Paris 1963).

Alain Girard, Le choix du conjoint (Paris 1964).

George C. Giuns, Soviet Law and Soviet Society (The Hague 1954).

William J. Goode, After Divorce (New York 1956) zitiert Divorce.

idem, The Sociology of the Family: *Robert K. Merton, L. Broom and Leonard S. Cottrell, Jr.* (Hrsg.), Sociology Today. Problems and Prospects (New York 1959).

idem, The Theoretical Importance of Love: American Sociological Review 24 (1959), zitiert Love.

idem, Family Disorganization: *Robert K. Merton und Robert K. Nisbet* (Hrsg.), Contemporary Social Problems (New York 1961) zitiert Disorganization.

idem, World Revolution and Family Patterns (London 1963) zitiert Revolution.

idem, The Process of Role Bargaining in the Impact of Urbanization and

Industrialization on Family Systems: Current Sociology 12 (1963/1964) 1–13, zitiert Role.
idem (Hrsg.), Readings on the Family and Society (Englewood Cliffs, N.J. 1964).
Claude Henryon und E. Lambrechts, Le mariage en Belgique (Bruxelles 1968).
Reuben Hill, Families under Stress (New York 1949).
idem, J. M. Stycros und Kurt W. Back, The Family and Population Control, A Puerto Rican Experiment in Social Change (Chapel Hill N.C. 1959).
idem und Donald A. Hansen, The Identification of Conceptual Frameworks Utilized in Family Study: Marriage and Family Living 22 (1960) 299–311.
idem u.a., Family Development in Three Generations. A Longitudinal Study of Changing Family Patterns of Planning and Achievement (Cambridge, Mass. 1970).
idem und René König (Hrsg.), Families in East and West. Socialization Process and Kinship Ties (Paris, The Hague 1970).
Jerome Himelhoch and Sylvia Fleis Fava (Hrsg.), Sexual Behavior in American Society (New York 1955).
Leonard T. Hobhouse, Morals in Evolution (2 vols) (London 1906).
Paul H. Jacobsen, American Marriages and Divorce (New York 1959).
Alfred Kinsey u.a., The Sexual Behavior in the Humand Male (Philadelphia 1948), zitiert Male.
idem u.a., The Sexual Behavior in the Human Female (Philadelphia 1953) zitiert Female.
René König, Materialien zur Soziologie der Familie (2. Aufl. Köln 1974) zitiert Materialien.
idem, Soziologie der Familie: *R. König* (Hrsg.) Handbuch der empirischen Sozialforschung II (Stuttgart 1969) 172–305, zitiert Familie.
Martin Koschorke, Formen des Zusammenlebens in Deutschland: Kölner Zeitschrift für Soziologie und Sozialpsychologie 24 (1973) 531–563.
Harry D. Krause, Illegitimacy Law and Social Policy (Indianapolis, Kansas City, New York 1971).
Lawrence Lader, The Margaret Sanger Story and the Fight for Birth Control (New York 1955).
Gerald L. Leslie, The Family in Social Context (New York 1967).
Claude Lévi-Strauss, Les structures élémentaires de la parenté (Paris 1949).
Marion J. Levy, Jr., The Family Revolution in Modern China (Cambridge, Mass. 1949).

James P. Lichtenberger, Divorce. A Social Interpretation (New York 1931).
Ralph Linton, The Study of Man (New York 1936).
Helena Z. Lopata (Hrsg.), Marriages and Families (New York, Cincinnati, Toronto, London, Melbourne 1973).
Robert Lowie, Social Organization (London 1948).
Oliver R. McGregor, Divorce in England. A Centenary Study (Melbourne, London, Toronto 1957).
Gerhard Mackenroth, Bevölkerungslehre. Theorie, Soziologie und Statistik (Berlin, Göttingen, Heidelberg 1953).
Bronislaw Malinowski, Marriage: Encyclopaedia Britannica (Chicago, London, Toronto, Geneva 1962).
idem, The Family among the Australian Arborigenes (London 1913), zitiert Family.
idem, Sex and Repression in Savage Society (London 1927) zitiert Sex.
Andrée Michel, Famille, Industrialisation, Logement (Paris 1959).
Alexander Mitscherlich, Auf dem Wege zur vaterlosen Gesellschaft (München 1968).
John Mogey, Family and Neighborhood (Oxford 1959).
idem (Hrsg.), Family and Marriage (Leiden 1963).
George P. Murdock, Our Primitive Contemporaries (New York 1934) zitiert Contemporaries.
idem, Social Structure (New York 1949) zitiert Structure.
Friedhelm Neidhardt, Die Familie in Deutschland: *Karl M. Bolte. F. Neidhardt und Horst Holzer*, Deutsche Gesellschaft im Wandel II (Opladen 1970) 9–84.
Talcott Parsons und Robert F. Bales, Family, Socialization and Interaction Process (Glencoe, Ill. 1955) zitiert Family.
Talcott Parsons, The Kinship System of the Contemporary United States: *idem*, Essays in Sociological Theory (2. Aufl. Glencoe, Ill. 1954), zitiert Kinship.
idem, The Incest Tabu in Relation to Social Structure and Socialization: The (British) Journal of Sociology 5 (1954) 101–117, zitiert Incest.
Arthur Phillips (Hrsg.), Survey of African Marriage and Family Life (London 1953).
Alfred R. Radcliffe Brown und Darryll Forde, African Systems of Kinship and Marriage (London 1956).
Max Rheinstein, Marriage Stability, Divorce and the Law (Chicago, London 1972).
Helmut Schelsky, Wandlungen der deutschen Familie in der Gegenwart (5. Aufl. Stuttgart 1967).

Rudolf Schlesinger, Changing Attitudes in Soviet Russia. The Family (London 1949).
Helga Schmucker, Die ökonomische Lage der Familie in der Bundesrepublik Deutschland (Stuttgart 1961).
Annerose Schneider, Expressive Verkehrskreise: Sonderheft 14 Kölner Zeitschrift für Soziologie und Sozialpsychologie; *Günter Lüschen* und *Eugen Lupri* (Hrsg.), Soziologie der Familie (Opladen 1970).
Martine Segalen, Nuptialité et alliance, Paris 1972.
Ethel Shanas und Gordon F. Streib (Hrsg.), Social Structure and the Family. Generational Relations (Englewood Cliffs, N.J. 1965).
Emile Sicard, La Zadruga sud-slave dans l'évolution du groupe domestique (Paris 1943).
Ethel Slater und Moya Woodside, Patterns of Marriage (London 1951).
William N. Stephens, The Family in Cross-Cultural Perspective (New York 1963).
Richard Thurnwald, Wesen, Wandel und Gestaltung von Familie, Verwandtschaft und Bünden (Berlin 1932).
Walter Toman, Familienkonstellation (2. Aufl. München 1974).
idem und *Siegfried Preiser*, Familienkonstellationen und ihre Störungen. Ihre Wirkungen auf die Person, ihre sozialen Beziehungen und die nachfolgende Generation (Stuttgart 1973).
Edward Westermarck, History of Human Marriage (3 vol.) (6. Aufl. London 1921) zitiert History.
idem, The Future of Marriage in Western Civilisation (London 1936) zitiert Future.
Peter Willmott und Michael Young, Family and Class in a London Suburb (London 1960).
Robert F. Winch, The Modern Family (2. Aufl. New York 1963) zitiert Family.
idem, Mate Selection, A Study of Complementary Needs (New York 1958) zitiert Mate.
idem, Identification and its Familial Determinants (Indianapolis 1962).
idem und Robert McGinnis (Hrsg.), Selected Studies in Marriage and the Family (New York 1953).
idem und Herbert R. Barringer, Selected Studies in Marriage and the Family (New York 1962).
Ernst Wolf, Gerhard Lüke und Herbert Hax, Scheidung und Scheidungsrecht (Tübingen 1959).
L. Young, Out of Wedlock, A Study of the Problems of the Unmarried Mothers (New York, Toronto, London 1954).

Michael Young und Peter Wilmott, Family and Kinship in East London (London 1957).
idem, The Symmetrical Family. A Study of Work and Leisure in the London Region (London 1973).
Morris Zelditch, Jr., Family, Marriage and Kinship: *Robert E. L. Faris* (Hrsg.), Handbook of Modern Sociology (Chicago 1964).

Ergänzung zur dritten Auflage

Hans Braun und Ute Leisler (Hrsg.), Problem Familie – Familienprobleme (Frankfurt-New York 1976).
Heinrich Dörner, Industrialisierung und Familienrecht (Berlin 1974).
Richard Martinus Emge und Dieter Smolinski, Soziologie des Familienhaushalts (Paderborn 1973).
Nona Glazer-Malbin (Hrsg.), Old Family – New Family. Interpersonal Relationships (New York u. a. 1975).
Dieter Huhn, Der Fall Familie. Recht und Unrecht einer bürgerlichen Einrichtung (Darmstadt-Neuwied 1977).
Peter Laslett, The Comparative History of Household and Family, in: Journal of Social History 1970.
idem und Richard Wall (Hrsg.), Household and Family in Past Time (London 1972).
Andrée Michel, Sociologie de la famille et du mariage (Paris 1972).
idem, Activité professionelle de la femme et la vie conjugale (Paris 1974).
Michael Mitterauer und Reinhard Sieder, Vom Patriarchat zur Partnerschaft. Zum Strukturwandel der Familie (München 1977).
D. H. J. Morgan, Social Theory and the Family (London 1975).
Claus Mühlfeld, Familiensoziologie. Eine systematische Einführung (Hamburg 1976).
Friedhelm Neidhardt (Hrsg.), Frühkindliche Sozialisation (Stuttgart 1975).
Heidi Rosenbaum, Familie als Gegenstruktur zur Gesellschaft. Kritik grundlegender theoretischer Ansätze der westdeutschen Familiensoziologie (Stuttgart 1973).
Ingeborg Weber-Kellermann, Die Deutsche Familie. Versuch einer Sozialgeschichte (Frankfurt/Main 1974).

Namenregister